출판인을 위한 저작권법

출판인을 위한 저작권법 ㊍

창작자 *eee*, 편집자 ✓,
번역자 ⇄, 사서 📖를 위해 쓴
꼭 알아야 할 저작권 필수 상식

정지우 지음

서문

출판은 저작권과 가장 깊이 관련된 업종이다. 저자와 출판사가 처음 만나는 순간부터 '저작권 계약'이 그 시작에 있다. 그러나 저자는 물론이고 출판사에서도 출판권이나 배타적발행권의 성격이 무엇인지, 출판권 설정과 저작권 양도는 어떤 차이가 있는지도 정확하게 이해하지 못하는 경우가 있다. 종이 몇 장에 불과해 보이는 계약서이지만, 그 안에 얼마나 많은 권리가 담겨 있고 복잡하게 구성되는지 모른다면, 결국 단순히 서로 얼굴을 붉히는 차원을 넘어 심각한 분쟁으로 이어질 수도 있다.

당장 출간한 책의 '저작권자'가 누구냐고 묻는 질문에,

저자인지 출판사인지 명료히 대답하지 못하는 사람도 적지 않다. 여기에서 저작권자는 '저자'라고 답하더라도, 그러면 '출판사'는 저작권자가 아니라면 무슨 권리가 어떻게 있는지 물어보면, 역시 답을 하지 못한다.

저작권 문제는 저자와 출판사 사이에만 있는 것도 아니다. 오히려 출판사와 출판사 간의 저작권 문제도 흔하다. 대표적으로 많은 출판사에서 책을 출간할 때, 다른 출판사의 책을 인용하는 부분이 있으면 인용된 책의 해당 출판사에 연락하여 일일이 허락을 받아야 하는지 그렇지 않은지 여전히 헷갈려 한다. 많은 편집자가 위험 부담을 덜고자 일일이 허락을 받으려 시도하고, 인용된 책의 출판사로부터 인용 비용을 요구받아 지불하기도 한다. 저작권법이 저작권자의 허락 없는 인용도 가능하다고 규정해놓은 사실을 모르는 것이다.

그 반대 상황도 적지 않다. 저작권법상 인용이나 공정 이용 조항을 지나치게 믿고, 다른 출판사 책의 내용을 마음대로 복제하여 필사책을 만들거나 짜깁기한 명언 모음집 같은 것을 만들기도 한다. 이런 사례는 '인용'과 '무단 이용'을 전혀 구분하지 못하는 상태라고 볼 수밖에 없다. 그러나 저작물을 다루는 직업인이라면, 분쟁을 예방

하기 위해서라도 저작권법을 명료하게 이해해야 한다. 그렇지 않으면 자기도 모르게 불법을 일상적으로 저지르는 셈이 되기 때문이다.

물론 저작권법의 모든 내용을 꼼꼼하게 파악하면 좋겠지만, 쉬운 일은 아니다. 저자든 편집자나 마케터, 디자이너든 사실 저마다 해야 할 더 중요한 업무들이 있기 마련이다. 그렇기에 저작권법 전체를 꼼꼼하게 이해하기보다는, 출판과 관련된 핵심적인 부분만 빠르게 이해하고 참조할 만한 책이 필요할 거라 생각한다. 이 책은 그러한 실무에 최우선적으로 도움이 될 만한 내용을 담고자 했다. 만약 저작권 전반에 관해 더 기초적인 개념 정리를 원한다면 내 전작인 『이제는 알아야 할 저작권법』(공저)도 참고해보길 권한다.

개인적으로 나도 지금까지 20권 넘게 책을 내면서 출판사들과 여러 방식의 계약을 맺었다. 그 과정에서 저작권 분쟁이라고 할 만한 상황을 보기도 했다. 또한 저작권 관련 강의, 자문, 감정 등 여러 일을 해오면서, 실제로 출판 실무에서 어떤 문제들이 가장 논란과 오해 소지가 많은지도 알게 되었다. 그런 관점에서 이 책에 출판물을 둘러싼 일을 해나가는 데 더도 말고 덜도 말고 꼭 필요한 이야기들로만 채우고자 심혈을 기울였다. 나아가 '저자와 출판사'의 계약부터 실무에서 이루어지는 순서를 따라 스토리텔링으로 구성하고자 했는데, 이는 출판 저작권 관련 책에서 처음으로 시도하는 일일 것이다. 이 책이 출판을 둘러싼 여러 문제의 일차적인 교통정리가 되고, 글과 책을 사랑하는 사람의 불필요한 시행착오와 분쟁을 줄여주길 희망한다.

2장 저작권자의 허락 없이
　　　 저작물을 이용할 수 있는 경우

3장 출판을 둘러싼 다양한 문제

출판 저작권의 시작,
저자와 출판사의 계약

저자와 출판사의 첫 만남
저작권의 발생

저자와 출판사의 첫 만남은 대개 메일 한 통이나 DM으로 시작된다. 저자가 출판사에 목차, 기획안, 샘플 원고를 먼저 전달하여 '투고'하기도 하고, 반대로 출판사가 저자에게 기획 제안을 하기도 한다. 이때 저자가 쓴 원고의 초안이 이미 완성된 경우도 있지만, 서로 단순히 기획 제안만 오고 가기도 한다. 저자가 쓴 원고가 출판사 마음에 들든, 출판사가 제안한 기획이 저자 마음에 들든, 논의가 발전하여 출판하기로 결정해 계약을 맺으면 이제 두 주체는 **계약 당사자**가 된다.

모든 계약에는 계약 당사자와 함께 계약의 '목적물'이

있다. 편의점에서 초코우유를 사 마실 때, 나와 편의점주는 각각 계약당사자로서 매수인과 매도인이 되며 계약목적물은 초코우유다. 저자와 출판사의 계약에서 계약목적물은 저자의 '원고'다. 가장 기초적인 부분인데, 많은 사람이 헷갈리는 건 이 원고의 원주인은 저자이고, 따라서 **저작권자도 저자**라는 점이다.

저자는 자신의 저작물인 '원고'를 출판사에 빌려준다. 출판사는 저자에게서 원고를 일반적으로 5년 정도 활용할 권리를 얻는데, 이것이 바로 '출판권'이다.* 달리 말해 출판사는 5년간 빌린 저자의 원고를 열심히 활용하여 최대한 이익을 얻고 나면, 모든 권리가 사라진다. 그때가 되어 저자와 재계약을 하지 않으면, 출판사의 권리는 완전히 사라지고, 저자에게 고스란히 원고를 돌려줘야 하는 셈이 되는 것이다. 이는 전자책이나 오디오북도 다르지 않다. 종이책은 '출판권'이라고 하고, 전자책이나 오디오북은 '배타적발행권'이라고 부른다고 이해하면 대체로 타당하다.

---

* 통상 '5년 계약'이 일반적이며, 기한을 정하지 않고 계약하면 저작권법 제59조 제1항에 따라 '3년'이 된다. 그러나 대부분 기한을 정하며, 업계 관행상 5년 계약이 가장 많다.

곧 저자와 출판사의 계약에서 중요한 것은, 출판사가 원고를 '소유'하는 것이 아니라는 점이다. 출판사는 저자가 가진 저작권 중 일부를 일정 기간 이용할 권리만을 부여받는다. 흔히 '저작권은 출판사가 소유한다'라고 생각하는 사람이 많은데, 법적으로 책의 저작권은 언제나 저자에게 남아 있다. 출판사는 계약이 존속하는 동안에만 그 원고를 종이책, 전자책, 오디오북이라는 형태로 복제·배포·전송할 권리를 얻는 것이다.

만약 출판사가 계약 종료 이후에도 계속 출간하기를 원한다면, 반드시 저자와 재계약을 해야 한다. 재계약이 이루어지지 않으면, 저자는 다른 출판사와 새로운 계약을 맺을 수도 있다. 물론 현재 대부분의 출판권 및 배타적발행권 설정 계약서에는 '자동연장' 조항이 들어 있다. 기한을 정해 계약 만료일 2, 3개월 전까지 서로 '계약을 끝내겠다'는 통보를 하지 않으면 계약이 자동연장되게 해두는 것이다. 곧 출판사든 저자든 출간일로부터 일반적으로 5년쯤 지난 시점(계약 만료일로 지정한 시점)은 반드시 확인해두고, 계약을 연장할지 말지 결정해야 한다. 자주 쓰는 캘린더 앱이 있다면, 이 날짜는 몇 년 전에라도 미리 표시해두는 것이 바람직하다.

저자가 저작권자인 이유는 저작권법의 대전제 때문이다. 저작권은 세상에 공표하거나 저작권 등록을 한 시점이 아니라, 그보다 훨씬 이전 창작자가 **저작물을 창작하는 순간 발생**한다. 저자가 원고를 창작하기 때문에, 그 순간 발생한 저작권이 저자에게 귀속되는 것이다. 다른 저작물 모두 마찬가지다. 사진의 저작권은 우리가 스마트폰으로 촬영한 순간, 영상의 저작권은 영상물이 제작된 순간 발생한다. 이렇게 저작권이 발생한 저작물을 활용하려면, 저작권자인 창작자에게 허락을 받아야 한다. 그럼 먼저 저작권의 종류를 살펴보자.

출판인을 위한 저작권법

저작권은 권리의 꽃다발
저작재산권과 저작인격권

흔히 저작권을 '하나의' 단일한 권리로 생각하기 쉬운데, 실제로는 꽃 한 송이가 아니라 여러 갈래의 권리가 묶인 꽃다발에 가깝다. 저자는 원고를 쓰면 '저작권'이라는 하나의 권리를 얻는다기보다는, '저작권'이라고 묶이는 한 그룹의 '권리들'을 얻게 된다. 이 권리들은 한두 개가 아니라 10개 이상으로 이루어져 있는데, 우선 크게 두 종류로 나누어 생각해보아야 한다. 저작권 강의 현장에 가보면, 많은 사람이 저작권이 **'두 종류'**로 이루어져 있다는 것조차 모르는데, 저작물을 다루는 업종의 사람이라면 기초 중의 기초 상식이라고 생각해야 한다.

저자가 원고를 완성하는 순간, 그 원고에는 성격이 다른 두 가지 권리가 동시에 발생한다. 경제적 활용을 가능하게 하는 **저작재산권**, 그리고 저자의 인격을 지켜주는 **저작인격권**이다. 두 권리를 차례대로 살펴보자.

저작재산권

출판사가 계약을 통해 주로 다루는 것은 저작재산권이다. 이 권리는 저작물을 복제하고 배포하며, 전송하고 전시하고, 번역이나 영상화 같은 2차적저작물을 만들 수 있는 권리를 묶어놓은 것이다. 종이책을 인쇄하거나 전자책을 다운로드 판매하고, 오디오북을 스트리밍 서비스로 제공하는 모든 행위가 저작재산권의 범주에 들어간다.

저작재산권의 개념을 쉽게 이해하려면, 이 모든 권리는 원래 '저작권자'만 갖고 있다고 생각하면 된다. 곧 자신의 저작물을 복제, 공연, 온라인 전송, 배포, 대여, 2차적으로 작성하는 행위 등은 원래 저작권자만 할 수 있다는 것이다. 저작권자를 제외한 나머지 사람은 타인의 저작물에 대해 함부로 이런 행위를 해서는 안 된다. 쉽게 말해 책을 복사하거나 출판하고 팔아서 수익을 얻는 행위 등은 원래 그 책을 쓴 '저자'만이 할 수 있는 일이다. 다만 어째서 저자도 아닌 출판사 등이 그러한 행위를 할 수 있냐고 물으면, 저자에게서 그러한 권리 자체를 빌려 오거나 사 오기 때문이라고 말할 수 있다.

이처럼 **거래 가능한 저작재산권은 저작권법 제16조부터 제22조까지** 총 7가지로 규정되어 있는데, 구체적으로 살펴보면 다음과 같다.

복제권(제16조)은 저작물을 복제할 수 있는 권리이므로, 출판 계약에서 가장 중요한 저작재산권이다. 저작물을 복제하여 책을 만들어야 하기 때문이다. 공연권(제17조)도 중요한데, 저작물을 '낭독'하는 행위를 '공연'으로 보기 때문이다.

공중송신권(제18조)은 온라인상의 모든 전송, 업로드, 다운로드 등의 행위를 포괄하기 때문에 역시 중요하다. 전시권(제19조)도 문제될 수 있는데, 대표적으로 전시회에서 시를 전시하는 행위 등이 이와 관련된다.

배포권(제20조) 역시 출판 계약에서 핵심이다. 책을 만들어 판다는 건 원고를 배포하는 일이기 때문이다. 대여권(제21조)도 상황에 따라 문제된다.

마지막으로 2차적저작물작성권(제22조)도 빼놓을 수 없다. 책과 관련해서는 책이 영상화되면 '2차적저작물을 작성한다'라고 한다. 책을 기반으로 한 2차 창작을 하는 경우인데, 무엇보다 '번역'이 이와 관련되므로 해당 부분의 권리까지 꼼꼼하게 계약해두어야 한다.

출판권과 배타적발행권은 이 저작재산권을 일정 기간 빌려 쓰는 장치다. 정확히 말해 출판권은 '복제권'과 '배포권'을 빌려 오는 것이다. 그러나 전자출판을 하려면 '공중송신권'도 필요하므로, 별도로 전자출판 배타적발행권 설정 계약을 맺게 된다.

문제는 '2차적저작물작성권'인데, 우리나라에서는 최근 이와 관련하여 적지 않은 문제가 있었다. 저자가 계약 단계에서 이 부분을 꼼꼼하게 확인하지 못한 상태에서, 2차적저작물작성권과 관련된 권리를 모두 출판사에 양도하고, 그 이익까지 출판사에 귀속되도록 한 불공정 계약이 논란거리가 된 것이다. 특히 만화와 동화 등이 크게 문제되는 경우가 많다. 책이 애니메이션 등으로 영상화되면서 엄청난 부가가치를 생산했는데도, 원작자에게는 아무런 이익이 돌아가지 못한 사례가 발생하기 때문이다. 이에 따라 현행 표준계약서*에서는 이 부분을 명시하여 저자가 2차적저작물작성권에 관한 권리를 보유하게 되어 있고, 수익 분배를 해야 하면 별도의 서면으로 계약하여 진행하도록 명시했다.

특히 2차적저작물작성권은 워낙 중요한 권리다 보니, 법에서도 아예 따로 규정한 부분이 있다. 바로 **저작권법 제45조 제2항**으로, 다음과 같이 규정되어 있다.

> 저작재산권의 전부를 양도하는 경우에 특약이 없는 때에는 제22조에 따른 2차적저작물을 작성하여 이용할 권리는 포함되지 아니한 것으로 추정한다.

곧 매절 계약 등 특수한 계약에서 만약 저자의 저작권을 출판사에 "모두 양도한다"고 적힌 계약을 맺더라도, '2차적저작물작성권'은 양도되지 않은 것으로 본다. 만약 저자가 출판사에 '2차적저작물작성권'까지 양도한 것으로 보려면, 반드시 그에 대한 계약 규정이 따로 있어야 한다. 가령 "저작재산권의 전부를 양도한다"라는 계약

---

* 이하 '표준계약서'는 모두 문화체육관광부에서 배포하는 것을 일컫는다.

규정과 별도로 "2차적저작물도 양도한다"라는 계약 규정이 있어야만 2차적저작물작성권이 양도된다.

통상 저작재산권 관련 부분은 문화체육관광부가 배포하는 '출판분야 표준계약서'에서 최대한 공정성을 기한 방식으로 규정되어 있다. 다만 출판사가 자체 제작한 계약서를 활용한다면, 출판사 입장에서는 이러한 권리관계를 명확히 이해하고 계약을 진행해야 한다. 저자 입장에서도 출판사가 제시한 계약서와 표준계약서상의 차이를 명료히 이해하고 계약을 진행해야 하며, 표준계약서와 다른 부분이 있다면 그 점을 분명히 파악하고 진행해야 한다.

저작인격권

저작재산권이 말 그대로 거래 가능한 '재산'같이 취급되는 권리라면, 저작인격권은 통상 거래대상이라고 할 수 없는 '인격'에 가까운 권리라고 볼 수 있다. 따라서 출판계약을 통해서도 저작인격권을 양도하는 식의 거래는 이루어질 수 없다. 표준계약서상에도 "출판사는 위 저작물을 이용함에 있어서 성명표시권 및 동일성유지권 등 저작인격권을 적극적으로 보호하여야 한다"라고만 규정할 뿐, 저작인격권을 거래나 협상 대상으로 올려두지 않았다.

저작인격권은 총 3가지로 이루어져 있다. 공표권, 성명표시권, 동일성유지권이다.

공표권은 저작물을 언제, 어떤 방식으로 세상에 공개할지 결정할 권리다. 통상 원고를 넘겼다고 해서 출판사가 임의로 발간하거나 공개할 수 있는 것이 아니며, 최종적인 공표(발행) 여부와 시점은 저자와 협의해야 한다.

성명표시권은 저자의 이름을 표시하거나, 필명 또는 익명으로 내보낼지 선택할 권리다.

동일성유지권은 저작물의 동일성을 훼손하지 않도록 지켜주는 권리다. 단순한 맞춤법 교정이나 조판 과정에서의 기술적 수정은 보통 허용되지만, 내용의 대폭 삭제나 문장의 전면적인 재구성, 제목의 자극적 변경 등은 저자 동의 없이 이루어질 수 없다.

저작인격권은 양도하거나 포기할 수 없을 정도로 중요하게 보호받는 권리다. 결국 사전에 언제 책을 공표(공개 발행)할지, 저자 표기는 어떻게 할지, 원고를 어디까

지 수정하고 편집할지 등에 관해 반드시 저자의 동의를
받고 명확히 합의해두어야 한다.

저작권의 경계에 관하여

출판권 및 배타적발행권의 한계

이상으로 저작권은 '저자'가 보유하는 것이며, 출판사는
단지 저자의 원고를 일시적으로 빌려 쓰는 관계가 흔히
말하는 '출판 계약'이라는 점에 관해 알아보았다. 물론
때에 따라 원고의 저작권을 빌려 쓰는 정도가 아니라 통
째로 양도받는 형태의 계약이 없지는 않다. 흔히 저작권
양도를 전제로 한 매절 계약*이 그러한 경우인데, 실무적
으로는 저자의 권리를 지나치게 침해하는 불공정 계약
이라 여겨져 특수한 상황을 제외하고는 점점 사라지는

추세다. 대표적으로 『구름빵』 사건 등은 매절 계약으로 문제가 발생했는데, 저자가 헐값에 저작재산권 일체를 모두 양도한 사례로 계약 공정성에 관한 문제가 사회적으로 확산되기도 했다.

따라서 현재는 원고에 관한 권리를 일시적으로만 허락해주는 출판권 및 배타적발행권 설정 계약이 주로 이루어지고 있다. 이 책에서도 사실상 사라지고 있는 '저작권 양도를 전제로 한 매절 계약'에 관해서보다는 통상의 출판 계약인 출판권 및 배타적발행권 설정 계약을 '출판 계약'으로 통칭하여 이야기하고자 한다.

출판 계약에서 저자가 유의해야 할 점은 원고의 복제 및 발행 권리를 출판사에 '배타적으로' 허락한다는 점이다. 다시 말해 원고에 관해 출판사와 5년간 계약을 했으면, 오직 해당 출판사에서만 원고를 발행할 권리를 허락한 것이기에, 저자가 그 원고를 다른 출판사에 발행하게

---

* 다만 출판 실무에서는 인세를 부수 단위로 정산하지 않고 한 번에 지급하는 경우를 통칭해서 '매절 계약'이라 부른다. 그러나 법적으로 보면, 흔히 말하는 이러한 실무에서의 '매절 계약' 역시 '출판권 설정'을 하는 경우와 '저작권 양도'를 하는 경우로 나뉜다. 대표적으로 공저는 원고료를 일시 지급할 때가 많은데, 계약 내용을 보면 저작권 양도는 아니고 출판권 설정 계약인 경우가 많다.

허락하면 '계약 위반'이 된다는 것이다. 비록 저자에게 원고의 저작권이 있다 할지라도, 계약 기간 동안 그 원고에는 자물쇠가 잠긴 것으로 생각해야 한다. 계약 기간에 이 자물쇠를 풀 수 있는 열쇠는 오직 계약 상대방 출판사 한 곳만이 가지게 된다. 이때 저자는 복제 및 발행 권리를 출판사에 일시적으로 양도한 것과 같으므로, 저자 스스로도 복제하거나 발행해선 안 된다.

다만 저자가 도서 판매에 지장을 주지 않는 선에서, 개인 블로그나 SNS 등에 비영리적 목적으로 원고의 일부를 게재하는 정도는 가능하다. 대법원 판례*에 따르면, "출판권은 저작물을 복제·배포할 권리를 가진 자와의 설정행위에서 정하는 바에 따라 저작물을 원작 그대로 출판하는 것을 그 내용으로 하는 권리인바, 제3자가 출판권자의 허락 없이 원작의 전부 또는 상당 부분과 동일성 있는 작품을 출판하는 때에는 출판권 침해가 성립된다."** 곧 출판권 침해는 원고의 전부나 상당 부분의 출판 시에 적용되므로, 원고의 '전부나 상당 부분'이 아니라 '일부분'을 저자가 활용한다고 하여 출판사의 출판권을 침해

* 대법원 2005. 9. 9. 선고 2003다47782 판결, 대법원 2003. 2. 28. 선고 2001도3115 판결 참고.

한다고는 통상 보기 어려운 것이다. 나아가 그 정도라면, 출판사에서도 대부분 묵시적으로 허락하고, 오히려 홍보가 된다고 봐서 적극적으로 권유하기도 한다.

나아가 저자는 비록 자신의 원고에 대한 출판권을 특정 출판사에 설정해줬다 할지라도, 그 원고의 **전부 또는 상당 부분이 아니라, 일부분 정도**의 원고에 관해서는 제3자에게도 발행하게 할 수 있다. 예를 들어 저자가 출판 계약을 한 원고의 일부인 한 단락 정도를 다른 출판사에서 '필사책'을 만들며 싣고 싶다는 연락이 왔다고 해보자. 이때 저자는 그 원고의 전부나 상당 부분이 아니라 일부분 정도라면, 다른 출판사의 필사책 만들기용으로 허락하고 별도의 비용을 받는 것도 가능하다.[***] 중요한 것은 별도의 계약 조항이 없는 한, 이때 원고 일부의 이용을 허락하

***

[**] 여기서 '상당 부분'은 단순히 분량만을 의미하는 양적 기준은 아니다. 판례에 따르면, 글과 그림이 유기적으로 결합된 만화 저작물은, 글과 그림의 표현 형식, 연출 방법, 컷 분할 및 구성, 인물 표현 등을 종합적으로 고려하여 작품 간 동일성 여부를 판단한다. 예를 들어 전체 분량 중 일부일지라도 창작성이 집약된 핵심적인 부분이 복제되었다면 침해로 인정될 수 있다.

[***] 물론 이는 표준계약서에 따른 경우이고, 개별 계약서에서 '원고의 일부'도 저작권자가 발행할 수 없고, 출판사만이 발행할 수 있다는 계약 규정이 존재할 수는 있다. 그런 경우라면 계약 규정을 따라야 한다.

출판인을 위한 저작권법

는 주체는 출판사가 아니라 저작권자인 저자라는 점이다. 따라서 별다른 합의가 없으면, 저자가 자기 원고 일부를 다른 출판사에 상업적 목적으로 이용하게 하면서 받는 인용비 등도 모두 저자에게 귀속되는 것이 원칙이다.

곧 제3자가 저자의 책 내용을 출판한 경우, 내용의 범위에 따라 출판사와 저자의 권리 침해 여부는 각각 다르게 적용된다. 이론적인 차원에서 정리해보면 다음과 같다.

제3자(다른 출판사)가 출판권 설정된 책의 내용을 발행하는 경우(표준계약서)		
제3자가 저자의 책 상당 부분 또는 전부의 내용을 출판한 경우	출판사에 대해서 출판권 침해 O	저자에 대해서 복제권 등 침해 O
제3자가 저자의 책 일부를 출판한 경우	출판사에 대해서 출판권 침해 X	저자에 대해서 복제권 등 침해 O

제3자와의 관계에서의 문제

여기에서 하나 더 고민해볼 만한 것은 저자가 칼럼이나 논문 등의 형태로 잡지사, 신문사, 학술지 등에 1차적으로 기고하거나 발행한 원고를 출판사에서 다시 발행할 때 저작권은 어떻게 되는가이다. 통상 잡지사나 신문사에 저자가 원고를 기고할 때, 출판권이나 배타적발행권을 설정하는 경우는 드물다. 곧 이때는 해당 잡지사나 신문사에서 저자의 원고를 1회 발행할 권리를 받긴 하지만, **배타적으로(독점적으로)** 해당 잡지사나 신문사만이 발행할 수 있는 상태는 아니라고 볼 수 있다. 따라서 저자는 자기 원고에 대한 권리를 온전히 가지고 있어서, 해당 원고를 다른 곳에 발행해도 저작권 침해나 계약 위반이라고 보기는 어렵다.

물론 그렇다고 해서 저자가 A 신문사에 발행한 글을 그대로 B 잡지사에도 발행한다면, 논란이 발생할 여지가 있다. 이는 별도의 계약이 없더라도 관행상 존재하는 '묵시적 합의'를 위반한 형태로 볼 수도 있다. 당연히 A 신문사 입장에서는 적어도 기고받은 원고가 동종업계나 유사 지면에는 실리지 않으리라 믿고 저자에게서 원고를 받았을 것이기 때문이다. 그러므로 저자가 자신이 기고한 칼럼을 개인 채널인 블로그나 SNS 등에 복제하여 발행하는 것까지는 크게 법적으로 문제되지는 않더라도, 다른 매체에도 원고료를 받고 발행하는 건 윤리적으로

뿐만 아니라 묵시적 합의를 깨트린 것으로 볼 여지가 있다. 묵시적 합의 위반은 통상 윤리적 차원에서 문제되기는 하나, 법정에서 해당 관행의 존재가 명료하게 증명된다면 계약 위반으로 법적 효력까지 생길 가능성도 없지 않다.*

만약 학술지 등에서 명시적인 계약에 따라 저자가 기고한 논문의 출판권 및 배타적발행권이 해당 학술지에 부여되어 있다면, 이를 출판하기 위해서는 반드시 해당 학술지 측에 허락을 받아야 한다. 이러한 허락 없이 '논문을 단행본으로 내는 건 당연히 가능하겠지'라고 생각한다면, 저작권 문제에서의 무지를 드러내는 것이다. 많은 학술지가 기고된 논문에 대하여 출판권 및 배타적발행권을 설정하면서도, 단행본 출판을 허락한다. 그러나 항상 그렇지는 않으므로, 이 부분은 반드시 확인하고 진행해야 한다.

중요한 것은 저자가 원고를 작성한 순간 저자에게 저작권이 발생한다는 점이고, 이를 완전히 포기하거나 양

* 판례는 대법원 2013. 12. 18. 선고 2012다94643 전원합의체 판결 등 명시적인 계약 사실이 없더라도 묵시적 합의나 관행에 따른 구속력을 드물게 인정하는 사례가 있다.

도하지 않는 이상 저작권은 저자에게 계속 존속한다는 점이다. 저자가 저작권자임에도 자기 원고를 자유롭게 활용할 수 없는 경우는 출판권 등 '배타적인(독점적인) 권리'를 타인에게 설정해줬을 때뿐이다. 이를 명료히 기억한다면, 저작권을 둘러싼 많은 문제가 투명하게 이해될 것이다.

한편 저자가 원고에 대한 권리를 보유하는 만큼 그에 대한 의무와 책임도 지게 된다는 점 역시 명심해야 한다. 실제로 표준계약서를 비롯하여 대부분의 계약에서 원고의 내용이 제3자의 법적 권리를 침해하는 등 문제되는 내용을 담고 있으면, 그 원고의 주인인 저자가 모든 책임을 지도록 규정되어 있다. 물론 실무적으로는 문제되는 내용이 없도록 출판사에서도 심혈을 기울여 내용을 검토하긴 하지만, 최종적인 책임은 저자에게 있다고 볼 수 있다. 따라서 원고 내용에 대한 저작권 문제를 비롯해 여러 법적 책임에 대해서는 저자가 더욱 잘 파악하여 숙지해야 한다.

번역물의 저작권

번역저작권 개론

많은 사람이 2차적저작물이라고 하면, 웹툰의 영화화, 소설의 만화화 등을 떠올리는데, 출판에서 가장 흔하게 다루는 영역은 번역이다. 법규정을 한번 살펴보자.

제5조(2차적저작물) ①원저작물을 번역·편곡·변형·각색·영상제작 그 밖의 방법으로 작성한 창작물(이하 "2차적저작물"이라 한다)은 독자적인 저작물로서 보호된다.

저작권법 제5조에는 2차적저작물의 예시로 '번역'이 가장 앞에 명시되어 있다. 원저작물을 번역하는 순간 새로운 저작물이 만들어진다. 법적으로 번역물은 원저작물과 별개의 저작물로 인정되며, 따라서 번역자 역시 저작권자가 된다. 곧 번역물은 원저작물과는 별개의 저작물로 보호받는다. 쉽게 생각해서 원작 소설과 그로부터 만든 2차적저작물인 애니메이션의 관계를 떠올리면 된다. 원작 소설과 별개로 애니메이션이 보호받듯이, 번역물도 원저작물과 별개로 보호받는다. 따라서 만약 영어 소설을 번역한 일본어판을 다시 한국어로 번역(중역)하고자 한다면, 원작자인 영어 소설의 작가와 일본어판의 번역자 모두에게 허락을 받아야 한다.

번역의 통상적인 구조는 이렇다. 먼저 출판사가 에이전시 등을 통해 원저작자(외국 작가)에게서 번역권(2차적저작물작성권)에 대한 독점적 이용 권리를 확보한다. 이 권리를 확보해야만 합법적으로 번역물을 만들 수 있다. 그다음 출판사는 번역자와 계약을 체결해 실제 번역 작업을 맡긴다. 번역자는 자신의 창작적 표현으로 번역을 완성하므로 번역물의 저작권자가 된다. 이때 출판사와 번역자는 번역물 전체에 대한 저작재산권 일체를 양

도하는 계약을 체결하기도 하고(저작재산권 양도 계약),
번역자가 자신의 번역물에 대한 출판권과 배타적발행권
을 출판사에 설정해주기도 한다(출판권 및 배타적발행권
설정 계약).

현재 실무에서 '번역물'에 대한 계약 관행은 혼재되어
있다. 번역업체를 통해 번역자를 소개받으면 번역 자체
를 일종의 용역처럼 취급하여 저작재산권 양도 계약을
체결할 때가 많다. 반면 저명 번역자 등과 작업을 할 때는
번역자가 번역물 저작권을 그대로 보유한 채 출판권 및
배타적발행권만 설정하기도 한다. 후자라면 번역물에
대한 저작권은 번역자가 계속 가진 상태이므로, 출판사
에는 일정 기간(통상 원저작자와의 계약 만료 시 또는 절
판 시까지)만 독점적 이용 권리를 주는 것이다.

	번역자 권리	출판사 권리
저작재산권 양도 계약	저작인격권만 남음 (번역자 성명표시 등)	저작재산권 일체 보유
출판권 및 배타적발행권 설정 계약	저작권 일체 보유 (단 일정 기간 권리 행사 제한)	일정 기간 독점적 이용 권리만 보유

최근에는 번역자에 대한 권리 인식도 높아지고 있으므로, 출판권 및 배타적발행권 설정 계약의 방식으로 이루어질 때도 많다. 따라서 이 경우에 대해 조금 더 구체적으로 이야기해보겠다. 이때 다시 한번 강조할 점은 번역자가 자신의 번역물에 대한 저작권을 출판사에 양도하는 것이 아니라는 사실이다. 곧 번역자는 여전히 저작권자 지위를 보유하며, 출판사는 그 권리를 기초로 출판시장에서 배타적으로 책을 발행할 수 있는 권리만 갖는다.

그 이유는 모든 창작물은 '창작하는 순간' 저작권이 발생하기 때문이다. 곧 번역물에 대한 저작권은 번역자가 '번역하는 순간' 발생하므로, 번역자가 항상 1차적인 저작권자가 되는 것이다. 따라서 번역물에 대한 저작권을 양도하지 않고, 출판권 및 배타적발행권만 설정한 계약에서 출판사는 저작권자가 아니라 발행권자, 곧 일정 기간만 독점적인 사업권을 가진 사업자로 이해해야 한다.

결국 출판권 및 배타적발행권 설정 계약에서 번역물의 저작권 구조는 삼각관계다. 원저작자는 번역을 허락할 권리를 가진다. 번역자는 번역의 결과물에 대한 저작권을 가진다. 출판사는 양자를 연결해 실제 시장에서 발행할 독점적 권리를 가진다. 출판사 입장에서는 '번역물은 내가 만들어낸 책'이라는 인식이 강한데, 법적으로는 번역자가 저작권자이고 출판사는 발행권자일 뿐이라는 점을 명확히 인식해야 한다. 따라서 이 부분의 혼란을 방지하려면 계약서에서 가능한 한 확실히 이용 범위, 허락 범위 등을 명시해야 한다.

계약 종료와 번역물 인용

문제는 계약 종료 이후다. 원작자와의 계약이 만료되어 출판사가 더 이상 원작에 대해 번역 및 발행에 대한 권리를 갖고 있지 않는 상황을 가정해보자. 그런데 제3자가 번역물을 무단 복제 및 판매를 하고 있다면 어떨까? 이때도 번역물에 대한 계약이 '저작권 양도 계약'인가 '출판권 및 배타적발행권 설정 계약'인가에 따라 달라진다.

우선 저작권 양도 계약이라면, 번역물이 절판된 상황에서 원작에 대한 2차적저작물인 번역물에 대한 권리는 출판사에 남아 있다. 따라서 출판사는 제3자에 대해 저작권 침해를 주장할 수 있다. 비록 원작에 대한 권리는 상실되었어도, 번역물은 별개의 저작물로서 권리가 유지되기 때문이다. 물론 번역물을 상업적으로 활용하여 재출간하려면 원작자의 허락을 받아야 하지만, 번역물의 저작권이 침해당했을 때는 그와 별개로 권리를 주장할 수 있다. 따라서 출판사는 저작권법 제123조에 따라 금지청구권을 행사할 수 있고, 제125조 이하에 근거하여 손해배상청구도 가능하다.

반면 출판권 및 배타적발행권 설정 계약이라면 상황은 달라진다. 통상 출판사는 절판 시까지만 번역물에 대한 출판권 및 배타적발행권을 보유하기 때문에, 번역물이 절판되면 모든 권리는 번역자에게 돌아간다.(물론 이는 개별 계약에 따라 달라진다. 출판사가 출판권 및 배타적발행권을 5년, 10년 등 다양한 기간으로 정해 설정받을 수도 있다.) 이렇게 번역물에 대한 권리를 상실했다면, 출판사가 취할 수 있는 법적 조치는 없다고 봐야 한다. 이때 권리 행사 주체는 번역자다. 실례로 한 출판사에서 개정판을 내면서 이전 판의 번역서를 이전 번역자 허락 없이 참고해 실질적으로 유사하게 개정 번역하여 출판했는데, 이때 이전 번역자에 대한 저작권 침해가 인정되었다.*

* 서울동부지방법원 2013. 8. 28. 선고 2013가합4997, 5006 판결.

출판인을 위한 저작권법

계약 종료 시	번역자 권리	출판사 권리
저작재산권 양도 계약	권리 없음	권리 보유
출판권 및 배타적발행권 설정 계약 (절판 시까지 기한을 정한 경우)	권리 복귀	권리 상실

또 다른 쟁점은 번역물 인용이다. 번역물은 원저작물과는 별개의 저작물이므로, 인용을 하려면 원저작자와 번역자 모두에게 허락을 받아야 한다. 단 여기에서 말하는 '인용'이란 법적인 의미에서는 이후 2장에서 다룰 저작권법 제28조에 따른 요건을 충족하지 않는 인용(=단순 일부 이용)을 의미한다. 법적 요건을 충족한 인용은 누구의 허락도 필요 없기 때문이다. 여기에서는 그와 같은 요건이 충족되지 않거나, 그와 별개로 인용 허락을 받고자 하는 경우다. 정확히 말해 법적인 의미에서 인용은 아니고 단순 일부 이용 허락이라고 볼 수 있다.

출판사는 통상 계약에 따라 원작자로부터 제3자에게 인용 등 이용 허락을 할 수 있는 권리The exclusive right to license to third parties도 같이 확보한다. 따라서 출판사가 원저작자의 허락을 대리하는 형식을 취하게 된다. 이때 인용 허락을 하고 비용을 받으면, 인용비를 어떻게 원저작자와 분배할지에 대한 내용도 통상 계약서에 담긴다.

문제는 인용 등 각종 이용 허락에서 원작자가 아니라 번역자의 허락을 출판사가 대리하여 할 수 있느냐 하는 점이다. 이는 출판사와 번역자의 계약에 따라 달라진다고 봐야 한다. 저작재산권 전부 양도 계약이라면, 당연히 출판사가 모든 이익 창출 권리를 가지므로 출판사가 인용 허락도 하고 인용 비용도 받으면 된다.

그러나 출판사에서 출판권 및 배타적발행권만 설정받았을 뿐 기타 저작재산권에 대한 구체적인 명시가 없다면, 여전히 번역물 원고 일부의 인용 허락이나 기타 이용 허락에 대한 권리는 번역자가 보유한다고 보아야 한다. 따라서 인용 비용 등 이용 허락에 따른 추가 수익금이 발생한다면, 이는 별다른 계약이 없는 한 번역자에게 귀속된다.

다만 출판권 및 배타적발행권 설정 계약이라 할지라도, 계약서에서 출판사가 번역자의 모든 저작재산권에 대해 독점적, 포괄적 이용 권리를 확보했다면, 인용을 비롯한 저작재산권 이용에 대한 모든 허락 역시 출판사가 할 수 있다고 보아야 한다.

	제28조에 따른 인용 (2장 참고)	단순 일부 이용 허락
원작자		허락 필요 → 통상 계약에 따라 출판사가 허락 대리
번역자	허락 불요	허락 필요 → 계약에 따라 다름 ① 저작재산권 양도 계약 　: 출판사가 허락 ② 출판권 및 배타적발행권 설정 　계약: 계약 내용에 따라 다름

　예를 들어보자. 만약 계약에 따라 출판사와 원저작자가 인용 비용을 5:5로 나누기로 합의했고, 100만 원의 수익금이 발생했다고 해보자. 원저작자에게 50만 원을 지급하고 나면, 남은 50만 원은 출판사가 취할 것인가 번역자에게 지급할 것인가가 문제된다.

　번역물에 대해 번역자와 맺은 계약이 저작재산권 양도 계약이라면 출판사가 50만 원을 모두 가지면 된다. 만약 출판권 및 배타적발행권 설정 계약이라 할지라도, 계약서상으로 출판사가 번역물의 저작재산권 일체에 대한 독점적 이용 및 그로 인한 수익 창출 권리 일체를 완전히 확보했다면, 인용 허락도 출판사가 하고 관련 수익금 50

만 원도 출판사에 귀속된다.

그러나 계약서상으로 일정 기간 단순히 출판권 및 배타적발행권을 설정한 것에 그친다면, 번역물의 일부에 대한 인용 허락은 번역자가 해야 하고 수익금 50만 원 또한 번역자에게 귀속되는 것으로 보아야 한다.

책을 편집하면 출판사에
편집에 대한 저작권이 인정되는가
편집저작물

원고에 대한 저작권이 온전히 저자에게 귀속된다고 할 때, 출판사 입장에서는 다소간의 의문을 제기하고 싶어질 수 있다. 출판사에서는 저자가 보내온 원고를 여러 차례에 걸쳐 세심하게 교정교열하기도 하고, 때에 따라서는 편집자가 목차를 완전히 새로 구성하거나, 원고 자체에도 단순 교정교열 이상의 방대한 윤문 작업을 하게 될 수도 있다. 그럼에도 그 협업의 결과물에 대한 저작권이 통째로 저자에게 귀속되면 불합리하게 보일 수 있는 것이다.

이러한 의문은 타당하다고 볼 수 있다. 일단 단순한 교정교열일 때는 창작 활동이라기보다는 일종의 용역에 불과해 출판사 측에 특별히 추가적인 저작권을 발생시킨다고 보긴 어렵다. 그러나 저자가 건넨 원고를 취합하여 목차를 전면 재배치하거나 창작적인 새로운 목차를 짜 사실상 새로운 종합원고를 만들거나, 창작적인 표현을 상당 부분 추가하여 원고를 새로운 문장으로 윤문할 때는 사정이 달라진다.

우선 저자가 여러 편의 글을 출판사에 보내고 출판사가 한 권의 책으로 만드는 작업을 사실상 전담하여 편집할 때는, 출판사에 개별 원고에 대한 저작권과 별개로 편집저작물에 대한 권리가 발생할 수 있다. 저작권법은 편집저작물을 "편집물로서 그 소재의 선택·배열 또는 구성에 창작성이 있는 것"이라고 정의하며, 이렇게 편집되어 만들어진 편집저작물에는 별개로 저작권이 발생한다고 본다. 대법원 역시 "편집물이 저작물로서 보호를 받으려면 일정한 방침 혹은 목적을 가지고 소재를 수집·분류·선택하고 배열하여 편집물을 작성하는 행위에 창작성이 있어야 한다"*고 판시했다.

* 대법원 2003. 11. 28. 선고 2001다9359 판결 등.

책을 편집할 때 출판사에 편집저작권*이 인정되는 대표적인 예로 흔히 기출문제집을 들 수 있다. 개별 문제 자체에는 저작권이 없더라도, 문제를 어떻게 선택하고 배열할지, 어떤 기준으로 목차를 구성할지는 편집자의 창작적 기여가 반영되는 부분이다. 따라서 다른 출판사가 기존 기출문제집의 창작성 있는 목차나 배열 방식을 그대로 베긴다면 이는 '편집저작물'로서의 문제집에 대한 저작권 침해가 될 수 있다.

저자의 원고도 마찬가지다. 개별 초고의 저작권은 당연히 저자에게 귀속되지만, 출판사가 그 원고를 창의적으로 편집·배열하여 하나의 책으로 완성한다면, 그 전체 편집물에 대한 저작권은 출판사에 인정될 수 있다. 이때 저자와의 출판 계약이 5년으로 만료되었다고 하더라도, 저자가 이후 다른 출판사와 계약을 맺어 같은 원고를 출판하려 할 때, 원래 출판사가 창작적으로 구성한 목차와 배열을 통째로 가져가는 것은 문제가 될 수 있다. 저자 역시 출판사의 편집저작권을 존중하여, 필요하다면 원래 출판사의 허락을 받아야 한다는 뜻이다. 물론 여기에는

* 이 책에서는 편집저작물에 대한 저작권을 편의상 '편집저작권'이라 부르기로 한다.

한계가 있다. 단순 교정교열이나 맞춤법 통일 같은 기술적·형식적 편집에까지 편집저작권이 인정되는 것은 아니다. 편집저작권이 인정되려면 '창작적 표현'이라 할 수 있을 정도의 독창적인 편집의 기여가 인정되어야 한다.

반대로 출판사가 책의 초기 단계에서 저자와 함께 콘셉트나 목차 방향을 논의하고 아이디어를 제공하는 것에 그쳤다면, 이는 어디까지나 아이디어 수준의 기여일 뿐이다. 저작권법은 아이디어 자체를 보호하지 않으므로, 이 단계만으로는 출판사에 저작권이 발생하지 않는다.* 따라서 선후관계가 의외로 중요하다. 저자가 이미 완성한 원고를 출판사가 창작적으로 편집·배열하여 종합적인 한 권의 책으로 완성했다면 출판사에 편집저작물에 대한 저작권이 인정될 수 있지만, 초기 단계에서 단순히 기획 아이디어를 제공했다면 저작권 보호에까지 이르지는 않는다.

결론적으로 저자가 제공한 원고를 출판사가 창의적으

---

* 저작권법은 어디까지나 아이디어가 구체적으로 '표현된' 작품만을 보호할 뿐, 구체적인 작품이 되기 이전의 아이디어, 콘셉트, 스타일 등의 상태에서는 저작권이 발생하지 않고, 저작권법의 보호 대상에도 해당되지 않는다. 자세한 내용은 『이제는 알아야 할 저작권법』(공저)에서 다루었다.

로 편집하고 배열한 결과물은 독립된 저작물(편집저작물)로서 출판사에 저작권이 인정될 수 있다. 그러나 단순한 아이디어 제시나 교정교열 수준의 기여에 불과하다면 법적 보호를 받을 수 없다. 이 구분을 명확히 이해하는 것이 출판 계약에서 저자와 출판사 모두에게 중요하다.

기자의 기사나 교사의 시험문제를 출판할 수 있는가

업무상저작물

많은 직장인이 궁금해하는 것이 '업무상저작물'과 관련된 개념이다. 특히 직장에서 창조적인 업무를 하는 디자이너, 에디터, 기획자 등은 자신이 만들어낸 결과물에 대한 권리를 어디까지 인정받을 수 있는지 궁금해한다. 과연 나의 창작물이 회사의 소유인지 내 소유인지 말이다. 이에 대해 판단할 수 있게 해주는 것이 업무상저작물 개념이다. 우선 법규정을 살펴보면, 저작권법 제9조 본문이 다음과 같이 규정하고 있다.

법인등의 명의로 공표되는 업무상저작물의 저작자는 계약

또는 근무규칙 등에 다른 정함이 없는 때에는 그 법인등이 된다.

여기에서 '법인등'은 쉽게 말해 '회사나 소속 단체'라고 보면 된다. 곧 회사 명의로 세상에 공개되는 저작물은 다른 계약이 없다면 '회사' 소유의 저작물이라고 볼 수 있다.

이를 조금 더 깊게 살펴보면, 업무상저작물에는 크게 두 가지 요건이 있다고 볼 수 있다.

첫째, 법인 등이 해당 저작물의 작성을 '기획'하고, 그 법인 등에 종사하는 자가 '업무상 작성'해야 한다. 회사의 구체적 지시나 기획이 있는 상태에서 직원이 업무상 만든 결과물이어야 하는 것이다. 그래서 당연히 퇴근 후 개인적으로 쓴 소설이나, 단순히 업무에서 영감을 받아 쓴 개인적 에세이 등은 개인의 소유가 된다. 통상 위탁·도급(외주) 관계에서 외주인이 작성할 때도 법인 등에 근무하는 자가 작성한 게 아니므로 업무상저작물로 보기 어려운 경우가 대부분이다.

둘째, 그 저작물이 '법인등의 명의로 공표되는' 성질이어야 한다. 꼭 이미 공표'됐어야' 하는 건 아니고, 일반적으로 법인 명의로 공표'되는' 것으로 예정·전제된 경우면 충분하다. 단적인 사례가 신문 기사다. 신문사의 지시에 따라 기자가 작성했고, 신문사 명의로 당연히 발행될 예정(발행 대기)인 기사라면, 그 자체로 업무상저작물에 해당할 수 있다.

따라서 신문사 편집국의 기획·지시에 따라 작성되어 신문사 명의로 공표되는 기사라면, 원칙적으로 '업무상저작물'이므로 저작자는 신문사다. 설령 기자 이름이 표시되더라도 판례는 이를 기자 이름으로 공표한 게 아니라 언론사 내부의 업무분담 표시에 불과하다고 본다. 그러므로 기자가 작성한 기사라 하더라도, 기자 명의의 책으로 출판하려면 별도로 소속 신문사의 허락을 받아야한다.

다만 외부 필자는 신문사에서 근로하는 자도 아니고, 외부 필자가 기고한 칼럼은 해당 필자 명의로 공표된다고 볼 수 있으므로 이에 해당하지 않는다. 이때는 별도의 다른 계약이 없다면, 외부 필자가 저작권자이고 신문사의 허락은 필요 없다.

신문 기사에서 문제되는 건 기자가 쓴 '칼럼'도 신문사에 저작권이 있느냐다. 대표적으로 특정 신문사 내의 기자가 쓰는 칼럼이지만, 정기적으로 발행되면서 기자 이름을 달고 ✳✳✳칼럼, ✳✳✳코너 같은 곳에 쓰는 글은 기자 개인의 이름과 개성이 강조된 것으로, 이때는 신문사 명의가 아니라 개인 명의로 공표된 것이라고 봐야 한다는 견해가 일반적이다.✳

　비슷한 예로 학교 시험문제도 마찬가지다. 교사가 만든 시험문제는 '법인등'에 해당하는 교육청(공립), 학교재단(사립)이 보통 저작권자가 된다. 그러나 만약 시험문제에 교사 이름이 명확하게 표시된 상태로 학생들에게 배포된 것이라면, 이는 교사 개인이 저작권자가 될 여지가 있다. 따라서 교사가 수업 중이나 기타 경우에 학생들에게 수업자료나 시험문제를 배포할 때도, 교사가 자신이 해당 자료나 문제의 저작권자임을 명료하게 표시한다면, 교사 개인의 저작물로 봐서 교육청이나 학교재단에 별도의 허락을 받지 않고 출판이 가능할 수도 있다.

　출판 실무에서 업무상저작물 개념은 여러 이유로 마주하게 될 수 있다. 방송국의 방송작가가 방송 대본을 작성하거나, 회사 연구원이 연구개발 과정에서 보고서를

✳ 박성호, 『저작권법』(제3판), 박영사, 2023, 226쪽 참고.

집필할 때, 관공서가 소속 공무원의 집필로 발간한 책자 등도 모두 업무상저작물과 관련된다. 이들 사례에서도 해당 법인 등에 종사하는 근로관계가 있는지, 공표될 때 누구 명의로 공표되었는지 따져보면서 '케이스 바이 케이스'로 접근하면 된다.

다만 이다음에 바로 자세히 다루겠지만, 외주 제작은 전혀 다르다. 법인과 위탁·도급 계약을 맺은 외부 창작자의 결과물은 '종사자의 업무상 작성'이 아니므로 원칙적으로 업무상저작물에 해당하지 않는다. 예를 들어 회사가 외부 포스터 제작업체에 의뢰해 만든 포스터의 저작권은, 별도 약정이 없으면 그 제작업체에게 발생한다. 물론 드물게 외주 제작이라도 실질적으로 법인 등의 구체적인 감독, 지시가 존재하고, 사실상 근로계약에 가까운 형태로 계약이 맺어진 상태에서 법인 등의 명의로 저작물이 공표된다면, 업무상저작물로 볼 여지가 전혀 없는 것은 아니다. 그러나 이는 예외 사례이므로 실무에서 염두에 두긴 어렵다.

정리하면 업무상저작물은 '법인 등의 기획·지시 + 법인 내 종사자의 업무상 작성 + 법인 명의 공표(예정)'라는 구조를 만족할 때 성립하고, 그렇게 되면 저작자는 법인 등으로 본다. 다만 개별 계약이 우선하므로 근로자와 회사 사이에 다른 특약이 있는지 확인해두어야 한다.

외주 편집 및 디자인

출판 과정에서는 외부 편집자나 디자이너를 고용할 때
가 많다. 교정교열, 본문 레이아웃, 표지 디자인, 삽화나
사진 제작 등이 대표적이다. 이때 중요한 점은, 외주 작
업물 역시 저작권이 발생한다는 사실이다. 흔히 출판사
에서는 '우리가 돈을 주고 맡겼으니 권리도 당연히 우리
것이다'라고 생각하기 쉬운데, 저작권법은 그렇게 단순
하지 않다. 원칙적으로는 외주자가 창작한 부분에 대해
서는 그 외주자가 저작권자가 된다. 출판사는 외주자가
저작권을 가진 저작물에 대해 이용 허락을 받거나 저작
권을 양도받는 식으로 저작물을 이용해야 한다.

따라서 계약할 때 반드시 권리 귀속을 어떻게 할지 명확히 해두어야 한다. 만약 저작재산권 일체를 아예 출판사에 양도하기로 한다면, 계약서에 '저작재산권 일체를 출판사에 양도한다'는 문구에 더해 별도로 '2차적저작물 작성권도 양도한다'라는 문구가 있어야 한다. 그렇지 않다면 출판사는 특정 범위에 한하여 이용 허락을 받았다고 해석될 수 있다. 흔히 문제되는 사례가 바로 표지 디자인이다. 출판사가 외주 디자이너에게 표지 디자인을 맡기고 책을 냈다가, 나중에 그 디자인을 그대로 활용해 다른 판형이나 굿즈 등을 제작하려고 할 때 문제가 생길 수 있다. 디자이너는 "그런 2차적 이용까지 허락한 적은 없다"고 주장할 수 있고, 실제로 법적으로도 그의 권리가 존중된다.

또 하나 주의할 점은 외주 작업물의 성격이다. 삽화나 표지 일러스트처럼 창작성이 분명한 작업은 저작권이 인정되지만, 단순한 교정교열, 기술적 조판이나 서체 적용, 색상 보정 등은 창작적 표현이 아니라는 이유로 저작권 보호 대상이 아닐 수 있다. 이때는 외주자에게서 창작성 있는 저작물을 양도받는다는 개념보다는 단순 작업용역을 의뢰한 정도로 취급될 수 있다. 그렇다면 추후 저작물 활용과 관련하여 외주자와 저작권 문제는 발생하지 않는다.

결론적으로 외주 편집 및 디자인 작업은 계약 단계에서 반드시 권리 귀속을 명확히 해야 하며, 출판사는 해당 결과물을 어떤 범위에서 활용할 수 있는지, 2차적 이용까지 가능한지 구체적으로 정해두어야 한다. 그렇지 않으면 책은 출간했는데 그 표지나 삽화를 다른 용도로 쓰지 못하거나, 나아가 전자책 제작조차 다시 협의해야 하는 상황에 놓일 수 있다.

공저
공동저작물 및 결합저작물의 구별

일반적으로 공저는 여러 작가의 글을 취합하는 방식으로 만들어진다. 출판사는 먼저 특정 책의 콘셉트를 잡고 공저자를 한 명씩 섭외하여 개별적인 계약을 맺는다. 이때 출판사는 각 저자의 원고에 대하여 개별적으로 출판권을 설정받는 것이 된다. 곧 공저자 입장에서는 다른 공저자의 원고에 대해서는 아무런 권리도 없고, 오직 자신의 원고 부분만 따로 출판사와 계약을 맺은 것이다.

이렇게 만들어진 '공저'는 우리가 흔히 '공동저작물'이라고 부르는 것과 다르다. 공동저작물이란 둘 이상의 저작자가 서로 협력하여 하나의 저작물을 창작했는데 각자의 기여분을 분리하여 이용할 수 없는 경우를 말한다. 그러나 보통의 공저는 각자의 기여분을 분리할 수 있다. 각자의 기여분은 각자의 원고이기 때문이다. 이런 경우를 공동저작물과는 다르게 '결합저작물'이라고 한다.

결합저작물

결합저작물의 특징은 '하나의 작품' 같아 보이지만, 사실은 여러 저작물이 블록처럼 단순 결합되어 있다는 점이다. 따라서 만약 결합저작물인 공저의 일부 원고를 제3자가 이용하고 싶다고 연락이 오면, 그 일부 원고의 저자만 관계있을 뿐 나머지 저자들은 아무 관계가 없다. 대표적으로 12명이 쓴 공저에서 1명 저자의 글 일부를 누군가가 필사책에 넣고 싶다고 연락이 왔다고 해보자. 그 1명을 제외한 나머지 11명은 그에 관여할 아무런 권리가 없다.

　나아가 이렇게 묶어 만든 한 권의 책 자체에 대해서는 편집저작물로서 출판사에 저작권이 있다고도 볼 수 있다(물론 글들을 단순 배열한 것이 아니라, 편집과 배열에서 충분한 독창성이 있을 경우다). 따라서 공저자들은 그 책이 온전히 '자신의 책'이라고 여겨서는 곤란하고, 내가 기여한 원고 부분에 대해서만 자신이 '저작권자'라고 인식해야 한다.

여기에서 하나 주의할 점은 내 원고가 공저의 '일부'라 하더라도, 내 원고 자체는 '전체'로서 출판사와 출판 계약을 맺는다는 점이다. 따라서 내 원고가 공저의 일부라고 해서, 내 원고를 통째로 다른 책에 싣거나 다른 방식으로 발행하는 행위 등은 출판사의 출판권 침해가 될 수 있다. 출판권 침해가 "원작의 전부 또는 상당 부분"을 다른 곳에 활용했을 때 이루어진다곤 하지만, 공저는 어디까지나 '내 원고'를 기준으로 하여 "공저 중 내 원고의 전부 또는 상당 부분"을 다른 곳에 활용해선 안 된다고 해석해야 한다.

공동저작물

반면 공동저작물은 공저자 두 사람이 어떤 부분에 기여했는지 칼로 무 자르듯 알 수 없는 경우를 일컫는다. 기획 단계부터 함께 고민하고 서로 쓴 글을 끊임없이 피드백

하며 고쳐나가서 나중에는 딱 어느 부분은 내 것이고 어느 부분은 네 것이다,라고 말하기 어려운 상태에 이르면 '공동저작물'로서의 공저가 된다. 공동저작물의 가장 중요한 특성은 저작재산권이든 저작인격권이든 저작권자들이 '공동'으로 합의하여 행사해야 한다는 점이다. 만약 그중 한 사람이 저작권과 관련된 권리를 행사하려면, 그 사람을 대표로 지정했을 때만 가능하다. 이러한 과정 없이 공동저작물의 저작권자 한 사람의 말만 듣고 출판사에서 공표나 성명표시 등 저작인격권 행사나 저작재산권 관련 각종 허락을 진행하면 불법행위가 될 수 있다.*

결론적으로 보면 결합저작물은 각 원고에 대한 권리가 각자에게 따로 귀속되기 때문에 그 일부분의 권리 행사는 각각의 저자와 협의하여 진행하면 된다. 실제로 이런 형태가 대부분의 공저라고 볼 수 있다. 반면 공동저작물은 공저자 전원의 합의 없이는 어떠한 권리 행사도 진행해서는 안 된다는 점을 기억해야 한다. 대표적으로 만화는 스토리작가와 그림작가의 '공동저작물'이라고 보는 판례가 다수 있고, 반면 일반 단행본 원고에 단순 일러스트가 추가되었을 때는 '결합저작물'이라고 볼 수 있다. 이처럼 같은 공저자가 있는 책이어도 공동저작물인

출판인을 위한 저작권법

지 결합저작물인지에 따라 권리 행사 방법 등이 달라지므로, 출판 기획 단계에서 이 부분을 명료히 하고 출간 작업을 진행해야 한다.

* 공동저작물에 관해서는 다음 각 저작권법 조항을 참고할 수 있다.

제2조(정의) 이 법에서 사용하는 용어의 뜻은 다음과 같다. 21. "공동저작물"은 2명 이상이 공동으로 창작한 저작물로서 각자의 이바지한 부분을 분리하여 이용할 수 없는 것을 말한다.

제15조(공동저작물의 저작인격권) ① 공동저작물의 저작인격권은 저작자 전원의 합의에 의하지 아니하고는 이를 행사할 수 없다. 이 경우 각 저작자는 신의에 반하여 합의의 성립을 방해할 수 없다. ② 공동저작물의 저작자는 그들 중에서 저작인격권을 대표하여 행사할 수 있는 자를 정할 수 있다.

제48조(공동저작물의 저작재산권의 행사) ① 공동저작물의 저작재산권은 그 저작재산권자 전원의 합의에 의하지 아니하고는 이를 행사할 수 없으며, 다른 저작재산권자의 동의가 없으면 그 지분을 양도하거나 질권의 목적으로 할 수 없다. 이 경우 각 저작재산권자는 신의에 반하여 합의의 성립을 방해하거나 동의를 거부할 수 없다. ② 공동저작물의 이용에 따른 이익은 공동저작자 간에 특약이 없는 때에는 그 저작물의 창작에 이바지한 정도에 따라 각자에게 배분된다. 이 경우 각자의 이바지한 정도가 명확하지 아니한 때에는 균등한 것으로 추정한다. ③ 공동저작물의 저작재산권자는 그 공동저작물에 대한 자신의 지분을 포기할 수 있으며, 포기하거나 상속인 없이 사망한 경우에 그 지분은 다른 저작재산권자에게 그 지분의 비율에 따라 배분된다. ④ 제15조제2항 및 제3항의 규정은 공동저작물의 저작재산권의 행사에 관하여 준용한다.

	일반적 사례	권리 관계	권리 행사
결합저작물	통상의 단행본 공저	공저자 각자 부분에 대한 별개 권리	각자 부분에 대해 각자 행사
공동저작물	통상의 만화책	함께 권리를 갖고 지분별로 이익 배분	공동의 합의로 행사

출판 계약의 해제

출판 계약에서 '해제(해지)'*는 저자뿐만 아니라 출판사에서도 여러모로 어려워하는 문제다. 단순히 관계를 끊어야 한다는 데서 오는 감정적인 부담도 있지만, 이미 지불한 선인세 등의 사후처리에 대해서도 법적으로 어려워하는 것이다. 출판 계약 해제에 관하여는 법에도 어느 정도 규정이 있긴 하나, 통상 계약이 우선하므로 계약서

---

* '해제'는 계약을 처음부터 없던 상태로 소급하여 무효화하는 것이며, '해지'는 계약의 향후 효력만을 소멸시키는 것이다. 여기에서는 편의상 '해제'로 통일하기로 하나, 경우에 따라서는 '해지'가 적용되는 사안이 있을 수 있다.

의 해제 조항에 따라 이루어진다. 여기에서는 문화체육관광부의 표준계약서에 따른 해제 조건 및 사후처리에 대해 살펴보도록 한다.

표준계약서 제23조는 저자든 출판사든 "이 계약에서 정한 사항을 위반하였을 경우" 상대방은 기간을 정해두고 계약에서 명시한 내용을 제대로 이행하도록 요구하고, 상대방이 그럼에도 제대로 이행하지 않으면, 계약을 해제할 수 있다고 규정한다.

우선 저자 측 사유부터 살펴보면, 저자에게 "이 계약에서 정한 사항을 위반"한 경우란 대표적으로 정해진 날짜에 원고를 인도하지 않았을 때다. 출판 계약은 결국 저자가 완성된 원고를 넘겨주어야만 출판사가 다음 단계로 나아갈 수 있으므로, 원고 인도 지연은 계약의 근본을 흔드는 위반으로 여겨진다. 표준계약서에서도 '완전원고'를 기한 내에 제출하지 않으면 계약을 해제할 수 있다고 규정한다(다만 부득이한 사정이 있으면 출판사와 협의하여 그 기일을 변경할 수 있다). 또 다른 사유로는, 계약 기간 중 동일하거나 유사한 원고를 제3자에게 출판하게 하거나 스스로 발행하는 경우다. 출판권을 출판사에 배타적으로 설정해준 이상, 저자는 계약 기간에 원고를 다른 출판사에 내줄 수 없다. 이를 어기고 이중출판을 하거나 개정판·증보판을 임의로 내면 출판사의 독점적 지위를 침해하는 것이 된다.

저자가 보증한 원고의 권리 문제도 중요하다. 원고가 제3자의 저작권이나 인격권을 침해하면, 그 책임은 저자에게 있다. 원고 내용이 표절이거나 타인의 명예를 훼손한다면, 출판사는 심각한 법적 위험에 처한다. 이런 상황 역시 계약 위반으로 보아 해제 사유가 된다. 이 밖에도 저자가 계약 기간에 자신의 전집이나 선집에 원고를 포함해 출판하려면 반드시 출판사의 동의를 얻어야 한다. 이를 무시하고 임의로 다른 출판물에 수록하는 것도 계약 위반에 해당한다.

반대로 출판사 측의 계약 위반 사유도 있다. 가장 대표적인 것은 출판사가 기한 내에 책을 발행하지 않는 경우다. 표준계약서는 '완전원고'를 받은 날로부터 약정된 개월 수(특약이 없으면 통상 9개월) 안에 출판해야 한다고 규정한다(이는 저작권법 제58조 제1항에도 동일하게 규정되어 있다). 이 기한을 넘기면 저자는 계약을 해제할 수 있다. 또 출판사가 저작자의 성명을 누락하거나 제목과 내용을 임의로 바꾸는 등 동일성유지권을 침해하면, 이는 저작인격권을 위반한 것이 된다. 홍보 및 광고 과정에서 저자의 명예를 훼손한 경우 역시 계약 위반에 해당한다.

계약상 의무를 다하지 않는 사례는 더 있다. 출판사가 원고를 받아놓고 계속출판 의무를 이행하지 않거나, 인세를 정산하지 않고 지급 기한을 넘기는 경우, 발행부수 또는 판매부수를 알려주지 않을 때도 전형적인 계약 위반이다. 출판사가 출판권을 제3자에게 무단 양도하거나 담보로 잡히는 것도 마찬가지다. 저자 입장에서는 자기 원고가 어디서 어떻게 이용되는지 알 권리가 있는데, 출판사가 이를 어기면 해제 사유가 된다.

일부 해제 사유는 '시정 요구' 절차조차 거치지 않고 곧바로 실행에 옮겨질 수 있다. 출판사가 출판할 의사가 없음을 명백히 밝히거나, 도산이나 폐업으로 더 이상 책을 낼 수 없는 상태가 되면 저자는 지체 없이 계약을 해제할 수 있다. 또 저자나 출판사(또는 임직원)가 상대에게 성희롱·성폭력 같은 중대한 위법 행위를 저질렀을 때도, 상대방은 별도의 절차 없이 곧바로 계약을 해제하고 손해배상을 청구할 수 있다.

계약이 만료되면 출판권은 당연히 소멸하고 저자에게 권리가 돌아온다. 하지만 이미 찍혀 나온 책까지 당장 판매를 중단할 수는 없다. 표준계약서는 출판사가 일정 기간 기발행 재고를 판매할 수 있도록 하고, 그에 대한 인세는 여전히 저자에게 지급하도록 규정한다(얼마 동안 계속 판매할지는 개별 계약마다 다르게 정할 수 있다).

만약 쌍방 중 한쪽의 귀책 사유로 계약이 해제될 때는, 누구에게 귀책 사유가 있느냐에 따라 선인세 귀속이 달라진다. 저자의 잘못으로 계약이 해제되었다면 출판사가 이미 지급한 선인세를 반환하라고 요구할 수 있다. 반대로 출판사의 귀책으로 해제되었다면, 선인세는 저자에게 귀속된다.

특히 계약기간 만료 이후의 자동연장에 대해 하나 알아둬야 할 점이 있다. 통상 출판권은 5년 내외로 기한을 정하게 되고, 5년이 지나면 자동연장되는 조항을 포함한다. 만약 자동연장을 원치 않는다면, 저자나 출판사는 계약기간 만료일 통상 2~3개월(이 기간은 계약에 따라 다르다) 전 서로에게 자동연장을 원치 않는다고 통보해야 한다. 중요한 것은 표준계약서에 따를 때, 이 통보기한을 출판사가 저자에게 알려주어야 한다는 점이다. 곧 출판사는 예를 들어 '앞으로 3개월 뒤 계약이 종료되는데, 계약 종료 의사를 전해주지 않으시면 계약이 자동연장됩

니다'라는 식으로 저자에게 통보할 의무가 있다.

결국 출판 계약의 종료는 저자와 출판사 어느 쪽의 책임이냐에 따라 권리와 의무의 귀속이 갈리고, 출판권 소멸, 재고 도서 처리, 인세와 선인세 정산, 손해배상까지 이어진다. 그러므로 계약 단계에서 해제 사유와 사후처리를 미리 조목조목 명시해두는 것이 필수다. 계약을 맺을 때보다 끝낼 때 더 많은 분쟁이 일어나기 때문이다.

이상으로 출판사와 저자의 '만남'에서부터 '이별'까지에서 고려해야 할 저작권 문제를 전체적으로 다뤄보았다. 출판 계약은 법으로 엄격하게 정해진 영역이라기보다는 사적 계약의 영역이므로, 개별 사안마다 차이는 있을 수 있다. 그러나 개별 계약 간의 여러 차이가 불공정한 상황에 이를 수 있는 점을 염려하여 문화체육관광부에서 마련한 표준계약서가 있는 만큼, 가능한 한 해당 계약을 기준으로 계약을 진행하는 것이 옳고, 이 책 역시 그러한 표준계약서를 중심으로 권리관계를 다루었다. 이후에서는 출판 시에 알아야 할 여러 중요한 실무적 문제를 구체적으로 살펴보고자 한다.

출판인을 위한 저작권법

저작권자의 허락 없이 저작물을 이용할 수 있는 경우

저작권의 제한,
인용의 개념과 조건

출판 저작권을 다루다 보면 가장 빈번하게 마주치는 주제가 바로 '인용'이다. 출판사 편집자나 저자 모두가 다른 저작물의 한 부분을 가져다 쓰고 싶을 때마다 '이 정도 인용에도 저자의 허락을 받아야 하나? 그렇게 많은 부분은 아니니 그냥 써도 되지 않을까?'와 같은 질문 앞에 서게 된다. 저작권은 창작자의 권리를 보호하는 제도지만, 사회적 의사소통과 문화 발전을 위해 일정한 범위의 자유 이용을 허용한다. 이를 '저작권의 제한'이라고 한다.

원래 저작권은 보호받아야 마땅하지만, 지나치게 보호하기만 하면 문화 발전에 큰 장애가 될 수도 있다. 예를 들어 공표된 작품을 인용하여 다양한 관점에서 자유롭게 비평, 비판, 해설하는 것을 원천적으로 막아둔다면, '칭찬' 외에는 작품에 대한 다양한 이야기가 펼쳐지기 어렵다. 그래서 저작권법은 몇 가지 경우에 저작권자의 '허락 없이도' 자유롭게 타인의 저작물을 이용할 수 있는 규정을 마련해두었다. 저작권자의 저작권이 '제한'되는 이러한 조항은 저작권법 제23조부터 제38조까지 걸쳐 있다.

여러 규정이 있는데, 출판계에서 가장 많이 다루어지고 혼돈도 많은 조항은 제28조의 '인용 조항'이다. 해당 조항은 이렇게 규정한다.

공표된 저작물은 보도·비평·교육·연구 등을 위하여 정당한 범위 안에서 공정한 관행에 합치되게 이를 인용할 수 있다.

간단한 문구처럼 보이지만, 실제 현장에서는 이 규정이 무엇을 허용하고 무엇을 금지하는지 명확하지 않아 분쟁이 자주 발생한다. 심지어 많은 출판 편집자가 해당 법적 조항의 존재를 몰라서, '모든 인용'은 기본적으로 저작권자의 허락을 받아야만 한다고 오인할 때도 많다.

그러나 위 조항은 **'저작권자의 허락 없이도'** 인용할 수 있는 요건을 규정한 것이다. 심지어 저작권자가 반대하더라도, 극단적으로 절대 내 글을 인용하지 말라고 강력한 반대 의사를 표명한다 할지라도, 해당 조항의 법적 요건만 충족한다면 인용하는 데 문제가 없다고 볼 수 있다. 분명 문화 발전을 위해 인용할 수 있는 요건을 정해둔 이러한 법적 규정이 있음에도, 다소간의 모호성으로 많은 사람이 어떻게 인용해야 할지 모른다.

따라서 이번에는 법규정을 넘어 각종 판례, 나아가 보편적인 법이론 등까지 검토해봄으로써, 인용 요건에 대한 최소한의 가이드라인을 제시하는 걸 목표로 삼는다. 해당 부분으로 현재 존재하는 출판계의 인용을 둘러싼 여러 혼란에 일차적인 교통정리가 될 수 있기를 바란다.

인용의 법적 요건

일단 인용 조항의 법적 요건은 다음과 같이 구성되어 있다. ① 인용 대상이 '공표된' 저작물일 것 ② 보도, 비평, 교육, 연구 등의 목적으로 인용할 것 ③ 정당한 범위 안에서 인용할 것 ④ 공정한 관행에 합치되게 인용할 것 그리고 위 규정에는 없지만 제37조에 따라 ⑤ 반드시 출처를 표기할 것. 여기까지가 인용의 요건이다. 이 5가지 요건을 모두 만족할 때만 저작권자의 허락 없이 인용할 수 있고, 하나라도 요건이 충족되지 않는다면 저작권자의 허락을 받아야 한다.

요건이 5개나 있어서 까다롭다고 느낄 수 있으나 실제로 이해해보면 당연하고 상식적인 것들이다. 이를 구체적으로 살펴보자.

① 공표된 저작물일 것

공표된 저작물이라는 요건은 보통 크게 문제되지 않는다. 출판계에서 인용이 이루어질 때 타인의 '공표된' 저작물을 인용하지, 공표되지도 않은 저작물을 인용하는 경우는 거의 없기 때문이다. 통상 책으로 출간된 것은 '공표된 것'이라 볼 수 있으며, 그 밖에도 SNS, 블로그, 언론 매체 등으로 공개되었을 때도 공표된 것으로 볼 수 있다. 따라서 해당 요건은 대체로 문제되지 않는다.*

* 간혹 예외도 있다. 예를 들어 시험문제처럼 일부 사람들만 접하고 바로 수거되는 자료는 공표된 것으로 보기 어렵다. 이러한 자료의 인용은 어렵다고 보아야 할 것이다.

출판인을 위한 저작권법

② 인용의 목적이 보도, 비평, 교육, 연구 등일 것

법조문에는 "보도, 비평, 교육, 연구"로 인용 목적을 한정하는 것 같지만, 법적으로는 오히려 그 뒤에 붙은 "등"을 중시한다. 따라서 적시된 해당 목적들은 인용 가능한 대표적인 '예시'에 불과하고, 그와 유사한 다양한 목적으로 인용이 가능하다고 본다.

따라서 보도, 비평, 교육, 연구뿐만 아니라 그 밖에 예증, 해설, 보충, 소개, 강조를 위한 이용도 가능하다고 보아야 하고*, 특히 비평과 유사한 리뷰, 해설, 서평 등으로 불리는 여러 형태의 원고, 폭넓게 연구라 볼 수 있는 다양한 논문, 칼럼, 에세이 등에서도 타 저작물을 인용하여 나름의 논리를 전개하고 논의를 발전시켜나가는 경우 등이 모두 해당될 수 있다. 곧 사회 통념상 사실 전달, 비평, 학술연구와 유사한 맥락을 공유하는 다양한 목적일 때 인용은 폭넓게 인정될 수 있다.

심지어 홍보, 광고, 영리 목적 등으로도 인용이 원천적으로 불가능하다고 볼 것은 아니다. 실제로 대법원 2014. 8. 26. 선고 2012도10786 판결을 보면, "공표된 저작물은

---

* 박성호, 앞의 책, 546쪽 참고.

보도·비평·교육·연구 등을 위하여는 정당한 범위 안에서 공정한 관행에 합치되게 이를 인용할 수 있다고 규정하고 있는데, (⋯) 이 경우 반드시 비영리적인 이용이어야만 하는 것은 아니지만 영리적인 목적을 위한 이용은 비영리적인 목적을 위한 이용의 경우에 비하여 자유이용이 허용되는 범위가 상당히 좁아진다"라고 판시하고 있다. 곧 영리적인 목적의 인용도 그 범위가 상당히 줄어들지라도, 가능하기는 하다고 보는 것이다.

현대사회에서 '영리적 목적'과 '비영리적 목적'을 딱 잘라 말하긴 쉽지 않다. 보도, 비평, 교육, 연구 또한 때에 따라서는 비영리적 목적을 주로 하여 이루지기도 하지만, 영리성을 완전히 제거한 '순수한 비영리적 경우'는 거의 없을 것이다. 공익적 목적의 보도라 할지라도, 그러한 보도를 통해 얻는 구독료, 광고료 등의 직간접 이익이 생길 수 있다. 마찬가지로 연구 목적으로 쓰인 논문도 대부분 DB 등록 등을 통한 다양한 형태의 수익을 창출한다. 비평집 또한 관련 간행물에 실릴 때부터 비평가에게 원고료가 지급되고, 독자에게서 구독료를 받으며, 이후 비평가가 비평을 모아 비평집으로 출간할 때도 인세 등이 발생한다. 이 밖에도 영리성과 비영리성을 엄격하게

출판인을 위한 저작권법

나누는 게 거의 불가능할 때가 대부분이다.

이를 통해 보면, 결국 '목적' 자체를 엄격하게 제한하기는 어렵고, 더군다나 법규정에서 명시한 보도, 비평, 교육, 연구 목적인 데다 비영리적, 공익적 성격이 강하다면 '인용'은 상당히 폭넓게 허용된다고 볼 수 있다. 가령 공교육 현장에서나 기타 공익적 목적의 교육 등을 위해서라면, 타인의 저작물이라도 허락 없이 폭넓게 인용하며 교육을 진행할 수 있다고 봐야 할 것이다.

다만 영리 출판일 때는 애초의 목적이 보도, 비평, 교육, 연구 등의 성격이 강하다 하더라도, 허용되는 인용의 범위가 매우 폭넓다고 단정하긴 어렵다. 이때는 다음 요건인 '정당한 범위'를 주의 깊게 봐야 함을 뜻한다. 특히 판례는 이 정당한 범위를 판단하는 방법을 분명하게 제시하고 있으므로, 반드시 '정당한 범위'에 충족하는 범위의 인용을 해야 한다.

③ 정당한 범위 안에서 인용할 것

● 기본 이해

인용의 목적에 사실상 큰 제한이 없다면, 더욱 중요해지는 것은 "정당한 범위 안에서" 인용하는 일이 될 것이다. 사실상 정당한 범위 안이라면 대체로 어떠한 목적으로도 인용이 가능하다고 봐야 한다. 반면 정당한 범위를 넘어서면, 특별히 공익적, 비영리적 성격이 강하지 않은 한 보도, 비평, 교육, 연구라 할지라도 인용이 쉽지 않을 것이다. 영리 출판일 때는 더욱이 이 '정당한 범위'를 반드시 지켜야만 저작권자의 허락 없는 인용이 가능하다.

이를 판단하기 위해서는 대법원 판례를 기준으로 해야 하는데, 대법원 1990. 10. 23. 선고 90다카8845 판결은 "정당한 범위" 요건과 관련하여, "보도, 비평 등을 위한 인용의 요건 중 하나인 '정당한 범위'에 들기 위하여서는 그 표현형식상 피인용저작물이 보족, 부연예증, 참고자료 등으로 이용되어 인용저작물에 대하여 부종적 성질을 가지는 관계(곧 인용저작물이 주이고, 피인용저작물이 종인 관계)에 있다고 인정되어야 할 것이다"라고 판시하고 있다.

위 판례 법리를 '주종관계' 법리라고 한다. 곧 원고에서 인용하려는 대상(피인용저작물)이 원고에 대하여 부종적 성질을 가져야 한다는 것이다. 많은 사람이 이러한 '주종관계' 법리를 몰라 정당한 인용이 아니라 저작권(복제권 등) 침해를 하게 된다. 대표적인 예가 SNS, 블로

그 등에 업로드된 책의 발췌다.

책 내용에 어떠한 해설, 비평, 생각, 리뷰 등을 덧붙이는 것 없이 그대로 '복사(또는 캡처)'해서 올린 발췌 포스팅(피드)은 '정당한 인용'이 아니라 '무단 이용'이다. 정당한 인용이 되려면, 반드시 내가 발췌(인용)한 부분이 내 글에 대하여 종적인(부수적인) 관계로 성립되어야 한다. 곧 글의 '주된' 내용은 어디까지나 '내가 쓴' 해설, 비평, 생각, 리뷰 등의 일부분이어야 하고, 인용된 책의 내용은 내 글 전체에서 일부분으로서 일종의 부연, 예증, 참고자료 등의 역할만 해야 한다.

● 사례들

이러한 관점에서 서울남부지방법원 2018. 8. 24. 선고 2016고정2825 판결의 다음 부분을 살펴보자. "피고인 A는 교과서에 수록된 이 사건 동시 전체를 시각화 자료로 변환하여 C 사이트에 게시하였는바, 이는 이 사건 동시의 일부가 아닌 전체를 그대로 이용하였고, 추가적인 내용 부가도 전혀 없었으며, 이 사건 동시가 보족, 부연, 예증, 참고자료 등의 형태로 다른 저작물의 일부로서 이용된 것이 아니라 이 사건 동시 그 자체만을 그대로 이용한 것인 점, 원저작물에 대한 수요를 대체할 수 있는 점 등을 고려할 때 저작권법 제28조 소정의 '인용'에 해당한다고 보기 어렵다."*

위 판결을 보면, 인용 대상 저작물 "전체를 그대로 이용"하고, "추가적인 내용 부가"가 전혀 없었다는 점이 주된 판결 이유로 설시되어 있다. 반대로 해석해보면, "전체가 아니라 일부" 사용과 함께 "추가적인 내용 부가"가 중요하다는 것이다. 쉽게 말하면 책을 인용할 때 책의 '일부'만 발췌해서 인용하되, 반드시 인용한 부분에 대한 나의 생각, 해설, 비평, 연구 등의 내용을 덧붙여 그러한 부분이 '주'가 되도록 글을 쓰라는 것이다.

이는 사진이나 영상 캡처 등도 마찬가지다. 대법원 1990. 10. 23. 선고 90다카8845 판결은 어느 잡지사가 타인의 사진 등을 무단으로 게재한 사건에서 다음과 같

* 서울중앙지방법원 2013. 5. 24. 선고 2013노232 판결에서도 다음과 같은 유사한 문구가 판단의 기준으로 보인다. "이 사건 각 시험문제지의 일부가 아닌 전체를 그대로 복제하여 이용한 점, 이 사건 각 시험문제지의 내용이나 형식에 어떠한 변형을 가하지 아니하였으며, 추가적인 내용 부가도 전혀 없었던 점, 이 사건 각 시험문제지가 보족, 부연, 예증, 참고자료 등의 형태로 다른 저작물의 일부로서 이용된 것이 아니라 이 사건 각 시험문제지 그 자체만을 그대로 이용한 점 등을 고려할 때, 저작권법 제28조 소정의 '인용'에 해당한다고 보기 어렵다."

이 판시했다. "원고의 사진 중 환상 1점, 무구 1점, 귀여움 2점 등 4점이 각 원고의 동의를 받지 아니하고 게재되었는바, 기록에 나타난 위 잡지들이 게재한 사진들을 보면 모두 칼라로 된 양질의 사진이고 사진의 크기나 배치를 보아도 어떤 것은 잡지지면의 전면크기이고, 어떤 것은 몇 장의 사진으로 지면의 전부 또는 반 정도를 점하기도 하여 전체적으로 3면의 기사(표제지면 제외) 중 비평기사보다는 사진이 절대적 비중을 차지하는 화보형식으로 구성되어 있어서 위 사진들은 보도의 목적이라기보다는 감상용으로 인용되었다고 보이므로 결국 보도를 위한 정당한 범위 안에서 이용되었다고 볼 수 없다 할 것이다."

상업 잡지든 영리 출판의 단행본이든, 타인의 저작물인 '사진저작물'을 인용할 수 있다. 그러나 이때는 해당 사진을 '비평'하는 내용이 주가 되어야 한다. 그렇지 아니하고, 비평이나 해설을 '살짝' 넣어서 '비평'인 척하면서 실질적으로는 사진을 무단으로 이용하는 게 목표일 때도 있다. 사진을 비평한다는 명목으로 타인의 사진을 무단으로 가져와 '화보집'처럼 구성한다면 '적법한 인용'으로 인정되지 않는 것이다.

대표적으로 명시 모음집, 명언 모음집, 필사 모음집, 청소년을 위한 교과서 시나 소설 등 작품 모음집, 화보집 등이 이에 해당할 수 있다. 실제로 해설하는 것이 주목적이 아니라, 해설은 명목적으로만(형식적으로만) 두세 줄 있고 사실상 타인의 작품을 모아 '주 콘텐츠'로 삼는다면, 이는 정당한 범위 내의 적법한 인용으로 볼 수 없다.

특히 최근에는 '필사 모음집'이 크게 유행하는데 저작권자의 허락 없이 필사책에 타인의 저작물을 '그대로' 가져와 이용하는 것은 저작권 침해의 대표적인 예가 될 수 있다. 물론 때에 따라서는 필사 모음집이더라도, 타인의 책을 한 단락 이하 정도로 극히 일부만을 인용하면서 자신의 해설을 적어도 양적으로 세 배 이상 덧붙이며 해설을 '주'로 한다면, 정당한 범위 내의 인용이 되었다고 볼 여지도 있다. 그러나 대다수 필사 모음집의 주된 목적이자 콘텐츠 자체가 '필사 대상 글'이라는 점을 보면, 여전히 필사 대상 글이 해당 책의 핵심이어서 질적으로 '주된 부분'이라고 볼 여지가 크다. 그렇게 보면 저작권자의 허락 없이 필사 모음집에 타인의 글을 수록하는 것은 적법한 인용으로 인정되지 않을 가능성이 높다.

이처럼 어떤 부분이 '주'(주된 부분)이고 '종'(부수적

부분)인지는 양적, 질적인 판단이 모두 필요하다. 특히 양적인 기준은 최소한의 조건으로서 반드시 충족해야 한다. 인용 대상의 저작물이 어문저작물(글로 된 원고, 칼럼, 책 등)이라면, 적어도 발췌하여 인용한 부분의 세 배 이상의 분량이 '나의 언어'로 쓴 해설, 비평, 연구, 리뷰 등(이하부터는 압축하여 '해설 등'이라고 한다)이어야 한다는 원칙을 준수해야 한다.

물론 법이나 판례는 '세 배 이상이어야 한다'라는 식으로 정확한 분량을 정해두진 않았다. 그러나 통상 인용에서 '주종관계'를 판단하기 위해서는 양적인 부분을 고려하게 되는데, 인용 부분이 해설 등보다 더 많다면 '주종관계'가 성립한다고 판단하기가 쉽지 않다. 따라서 인용 부분보다 해설 등 부분이 많아야 하는 건 당연하고, 통상적으로 세 배 이상의 분량은 되어야 한다는 것이 실무적 통념이라 볼 수 있다.

다만 이처럼 '세 배 이상' 같은 기준은 절대적인 건 아니다. 예를 들어 한 유명 심리학 책을 쉽게 해설하는 걸 목적으로 하는 교양서가 있다고 해보자. 해설 자체는 '인용 부분'의 '세 배'라고 하지만, 인용 부분 자체도 그 양이 만만치 않아서, 전체 책의 1/4 정도를 채운다고 해보자.

그러면 분량상으로는 얼추 인용 같지만, 그 책의 주 콘텐츠가 해설이라 단정하기 어렵고, 오히려 주 콘텐츠가 인용 대상인 '유명 심리학 책'이라고 볼 여지도 있다. 심지어 그 책이 유명 심리학 책의 '시장수요'를 대체해버릴 가능성마저 생기는데, 이는 이후에서 다룰 공정한 관행에 해당되지 않을 가능성도 있다.

불가피하게 타인의 저작물 '전체'를 인용할 때도 있다. 대표적으로 사진이나 그림이 그렇다. 해설 등을 위해 필요하다면 사진, 그림도 저작권자의 허락 없이 인용할 수 있다. 이때는 어쩔 수 없이 사진이나 그림 하나 '전체'를 인용해야 할 수 있다. 다만 이때 앞에서 본 판례처럼 겉으로는 해설 등이 주인 기사일지라도, 실질적으로는 사진이나 그림 위주의 '화보집'과 다름없다면 인용으로 인정될 수 없다. 곧 책 전체에서 해설 등이 '주'를 이루면서, 사진은 알아볼 수 있을 정도로만 저화질로 작게 수록하는 식으로 실어야 한다. 고화질로 사진을 페이지에 전면 수록하는 식으로 모아두었다면, 그 사진 자체가 그 책의 '주 콘텐츠'라고 보는 것이다. 그처럼 사진을 책의 '주요 콘텐츠'로 활용하고 싶다면, 저작권자의 허락을 받는 것이 타당하다.

출판인을 위한 저작권법

이는 영상저작물의 캡처 화면을 인용할 때도 다르지 않다. 더군다나 영상저작물의 캡처 화면은 영상저작물 전체를 이용하는 게 아니라 극히 일부분만 활용하는 형태라서 인용으로 인정될 여지가 더 높다. 다만 그 해설 등 부분이 그 캡처 화면을 직접적으로 해설 등을 하는 형태여야 안전하고, 해설 등 부분과 전혀 무관한 캡처 화면은 인용으로 인정되기 어려울 수 있다.

이상에서 보면 인용의 '정당한 범위'를 판단하기 위해서는 '주종관계'가 성립해야 하는데, 이때는 양과 질을 모두 고려해야 한다. 다음과 같은 표로 간단하게 살펴보자.

피인용저작물(타인의 저작물) 종류	양적 판단	질적 판단
칼럼, 책 등 어문저작물	해설 등 부분이 인용하는 부분보다 많을 것(최소한 세 배 이상이 적절)	인용저작물의 해설 등이 '주된 내용'이고 피인용저작물을 참고, 예증 등 부수적인 차원에서만 활용할 것
사진, 그림 등 사진/그림저작물	분량 판단은 어려우나 해설 등 부분이 충분히 많아야 함	
영상저작물의 캡처		

이에 따르면 일반적으로 책에서 타인의 저작물을 두 세 줄 혹은 한 단락 이내에서 일부 인용하며 저자 자신의 이야기를 충분한 분량으로 풀어나가는 형태라면, 대부분 저작권자의 허락 없이도 인용할 수 있는 '정당한 범위'에 속한다고 볼 수 있다.

반면 해설 등이 없이 표지나 내지 등에 단순 디자인적 요소나 장식용으로 타인의 저작물을 이용하거나, 타인의 저작물 내용 자체를 주력 콘텐츠로 한 필사집이나 화보집, 홍보를 위하여 해설 등 없이 타인의 저작물만 복제하여 활용하는 방식 등은 모두 적법한 인용으로 인정될 수 없다.

④ 공정한 관행에 합치되게 인용할 것

사실상 인용은 '정당한 범위' 판단이 가장 중요하다. 통상 정당한 범위 내에서 인용이 이루어지면, 공정한 관행과 합치되었다고 볼 여지가 있다. 대법원 판례는 "정당한 범위 안에서 공정한 관행에 합치되게 인용한 것인가의 여부는 인용의 목적, 저작물의 성질, 인용된 내용과 분량, 피인용저작물을 수록한 방법과 형태, 독자의 일반적 관념, 원저작물에 대한 수요를 대체하는지 여부 등을 종합적으로 고려하여 판단하여야" 한다고 설시한다.*

인용은 오로지 상업적 홍보 목적 등으로만 이용되는 게 아니라, 앞에서 본 보도, 비평, 연구, 교육 등으로 저자의 해설, 평가, 리뷰 등을 하기 위해서라면 폭넓게 인정된다. 타인의 저작물을 필요한 부분만큼만 적절한 방법으로 인용한다면 나머지 부분도 크게 문제될 게 없다. 타인의 저작물과 자신의 저작물이 명료하게 구별되고(따옴표나 줄바꿈, 다른 글자체 등으로 구별), 타인의 저작물을 변형하지 않고 원문 그대로 싣는 정도(왜곡하여 변형하지 않기)의 기본적인 원칙을 지키면 된다.** 다만 이 판시에서 '공정한 관행'과 관련하여 가장 주목해야 할 부분은 "원저작물에 대한 수요를 대체하는지 여부"라고 볼 수 있다.

타인의 저작물을 인용했는데, 그 저작물을 굳이 구매해서 보지 않아도 될 정도의 방식으로 인용했다면 해당 부분이 문제된다. 가령 앞에서 본 예시처럼 타인의 사진

* 법학적으로는 '주종관계설'과 구별하여 이를 '종합고려설'이라고도 하는데, 이 책은 학술적 엄밀함보다 실무적인 차원을 우선하므로 이에 대한 엄밀한 학술적 접근은 하지 않는다.

** 박성호, 앞의 책, 555쪽 참고.

을 인용하면서 무척 고화질로 전면 배치하는 식으로 수록했다고 해보자. 그러면 독자 입장에서는 굳이 그 사진을 구매할 필요가 없고, 그 사진을 인용한 책만 사 보더라도 충분할 수 있다. 원사진저작물에 대한 수요가 '대체' 되어버리는 것이다. 대표적으로 시나 짧은 소설의 전체 인용도 이런 경우에 해당할 수 있다.*

⑤ 출처를 표기하고 인용할 것

저작권법은 인용 시 반드시 출처를 밝혀야 한다고 규

---

* 인용 문제는 아니지만 출판물에서는 '요약물'이 특히 이와 같은 관점에서 문제가 될 수 있다. 다른 저작물의 '요약물'을 만들 때, 경우에 따라서 저작권 중 2차적저작물작성권을 침해하는 일이 될 수 있다. 판례는 "요약물이 원저작물의 기본으로 되는 개요, 구조, 주된 구성 등을 그대로 유지하고 있는지 여부, 요약물이 원저작물을 이루는 문장들 중 일부만을 선택하여 발췌한 것이거나 발췌한 문장들의 표현을 단순히 단축한 정도에 불과한지 여부, 원저작물과 비교한 요약물의 상대적인 분량, 요약물의 원저작물에 대한 대체가능성 여부 등을 종합적으로 고려하여" 2차적저작물작성권 침해 여부를 판단한다. 곧 원작을 읽지 않아도 될 정도로 원작의 전체 내용을 원구조와 동일하게 요약물을 만들면, 원작의 수요를 대체할 수 있다. 이때 저작권 침해가 성립한다. 대표적으로 출판물은 아니지만, 유튜브 등에서 원 드라마의 시즌 전체를 요약하여 영상을 단순히 잘라 조합하는 식으로 만든 영상도 2차적저작물작성권을 침해한 것으로 볼 수 있다. 곧 다른 저작물의 '수요를 대체하는 문제'는 법적으로 무척 중요한 기준이라는 것을 기억해야 한다.

정한다(제37조). 대법원도 "출처 표시를 누락하거나 애매하게 한 경우에는 인용의 요건을 충족하지 못한다"(대법원 2000. 8. 25. 선고 98다60590 판결)라고 판시했다.

출처는 독자가 원저작물을 쉽게 인식할 수 있을 정도로 분명해야 한다. 저자의 이름, 저작물의 제목, 출판사 명칭 등이 기본적으로 포함되는 것이 바람직하다. 특히 번역물은 번역자의 이름도 표시해야만 한다. 번역물 자체가 번역자의 저작물(2차적저작물)이기 때문이다.

⑥결론 – 몇 줄까지는 허락 없이 인용할 수 있는가

많은 저자와 편집자가 몇 줄까지는 인용이 되는가, 같은 질문을 던진다. 그러나 법과 판례에는 절대적 양적 기준이 없다. 다만 출판 실무에서는 '3줄 인용 및 3배 해설'이라는 경험칙이 자주 회자된다. 곧 남의 글 3줄까지는 가져오는 데 큰 문제가 없고, 가져왔다면 최소 그 세 배 이상의 해설이나 비평을 덧붙여야 인용으로 인정될 가능성이 높다는 것이다. 이 경험칙은 법적 구속력은 없지만, 실무 현장에서 안전장치로 종종 사용된다.

다만 '3줄만 인용해야 한다'는 원칙은 없고, 책 전체의 맥락에서 봤을 때 저자의 논지가 주된 내용으로 충분히 전개되면 '3줄 이상의' 인용도 얼마든지 인정될 수 있다. 특히 출판사마다 내규로 '우리 책은 몇 자 이상 인용하면 글자당 얼마를 내야 한다' 같은 규정을 두기도 하는데, 법적 구속력은 없다.

일례로 대법원 판례는 854쪽 분량의 한 소설에서 다른 책의 10쪽 정도를 그대로 인용한 사건에 대해, "이 사건 제1이용부분은 이 사건 소설 총 854면 중 10면 정도로서 극히 일부"라고 판시하여 인용을 인정한 사례가 있다. 곧 3줄도 아니고, 3쪽도 아니고 10쪽을 인용으로 채웠음에도, 전체 소설에서의 분량이나 기타 맥락, 인용 방식 등을 고려하여 적법한 인용이라 본 것이다.*

---

* 대법원 1998. 7. 10. 선고 97다34839 판결: "이 사건 제1이용부분은 이 사건 소설 총 854면 중 10면 정도로서 극히 일부일 뿐만 아니라, 소설 구성상의 필요, 즉 핵무기개발을 둘러싼 ＊＊＊와 ＊＊＊의 연결고리를 당시의 시대상황에 부합하고 그럴듯하게 맞추기 위하여 원문의 동일성을 해하지 않은 채 거의 그대로 인용하였으며, 피인용부분과 창작부분 사이에 행을 비우고 각 인용부분 말미에 "(위의 내용은 ＊＊＊ 편저, 도서출판 ＊＊에서 출간한 「(생략)」에서 인용함)" 또는 "(＊＊＊ 대통령의 편지와 ＊＊ 박사의 일기는 도서출판 ＊＊에서 펴낸 ＊＊＊ 편저, 「(생략)」에서 인용한 것임을 밝힙니다)"라는 인용문구를 명시함으로써 이 사건 소설의 독자들로 하여금 그 부분의 출전을 쉽게 알 수 있게 하였고 위와 같이 인용구를 명시하였으므로 뒤에서 다시 그 중 일부를 인용하면서는

출판인을 위한 저작권법

또한 출판물 인용 사례는 아니나 음악저작물과 관련하여 "인용된 이 사건 저작물의 양은 전체 74마디 중 7~8마디에 불과하므로 인용의 목적에 비추어 필요한 최소한도의 인용으로 보이는 점"이라고 언급하며 적법한 인용을 인정한 사례도 있는 걸 봤을 때, 경우에 따라 타인의 저작물 중 10% 이상을 인용해도 원천적으로 금지되는 것은 아니라고 볼 수 있다.** 나아가 인용 요건만 충족된다면 책에서 노래 가사를 일부 인용할 수도 있다.

따라서 중요한 것은 맥락 전체를 보아 인용이 꼭 필요한 부분만 적정하게 이루어졌느냐다. 단편적으로 '몇 줄 이하이면 된다' 혹은 '몇 줄 이상은 안 된다'라고 오해해

위와 같은 인용구를 거듭 기재하지 않고 속에 그 인용부분을 기재하여 자신의 창작부분과 구별하였다. 한편 「(생략)」는 1992. 7. 10. 제5판 이후 절판되어 이 사건 제1이용부분으로 인하여 그 시장수요가 침해될 가능성이 거의 없었으므로, 이 사건 제1이용부분은 그 표현형식상 이 사건 소설의 보족, 부연, 예증, 참고자료 등으로 이용되어 부종적 성질을 가지는 관계에 있고 원저작물의 시장수요를 대체할 정도에 이르지 아니하였으며 또한 창작부분과의 구별을 가능하게 함과 아울러 인용 출처를 밝힌 점에서 저작권법 제28조 소정의 공표된 저작물의 인용에 해당하므로 저작권 침해행위가 면책된다."

** 서울고등법원 2010. 10. 13. 선고 2010나35260 판결.

서는 곤란하다. 서너 문장만 가져와도 문제가 될 수 있고, 열 문장을 인용해도 정당한 사례가 있다. 결국 내 글의 주장이나 논지를 전개하는 데 반드시 필요한 범위 내에서 최소한으로 인용하고, 가급적 내 목소리를 중심에 두어 전개하면 큰 문제는 피할 수 있다.

현실적으로 출판에서 타인의 저작물을 활용하려면, 가장 안전한 경로는 되도록 해당 저작권자의 이용 허락을 받는 것이다. 하지만 모든 인용에 매번 허락을 구하는 것은 비효율적이고 출판사에 따라 터무니없이 큰 인용비를 요구할 때도 있으므로, 저작권법이 허용한 인용의 틀 내에서는 적극적으로 인용해도 된다고 볼 수 있다. 건전한 비평과 학술 토론 등을 위해서 어느 정도 인용의 자유가 보장되기 때문이다. 실제로 적법한 인용 요건만 지킨다면, 비록 저작권자가 마음에 들어 하지 않더라도 법적으로 문제가 없으므로 위축되지 않아도 된다.

결론적으로 인용 역시 법이 보장하는 일종의 권리라고 볼 수 있다. 저작권법이 정한 범위 안에서라면 저작권자의 허락 없이도 당당하게 타인의 저작물을 인용하여 비평하고, 연구하고, 교육할 수 있다. 다만 그 한계선을 항상 유념해야 하며, 판례의 흐름과 학계의 논의에 비추어 인용 요건을 충실히 갖추는 것이 중요하다. 문화 발전을 위한 제도인 만큼 악용되어서는 안 되고, 반대로 위축 효과로 정당한 인용까지 포기하지 않아도 된다. 국내 저작권법과 판례가 보여주는 인용의 개념과 조건을 정확히 이해함으로써, 저작물을 다루는 연구자, 창작자, 편집자가 필요한 부분을 적법하게 인용하면서도 저작권 침해 위험을 방지할 수 있다.

앞으로도 판례와 이론의 발전에 따라 인용의 해석이 정교해질 테지만, 기본 원칙은 변함없이 "타인의 저작물은 출처를 밝히고, 꼭 필요한 만큼만, 자신의 창작표현에 보조적 범위로 사용할 것"이라고 정리할 수 있다. 이러한 원칙 아래 자유로운 인용이 활성화될 때, 건강한 비평 문화와 지식 순환이 가능해지고 궁극적으로 창작과 학문의 발전에도 기여하게 될 것이다.

기타) 인용비에 관하여

이상은 저작권법 제28조에 따른 인용으로, 저작권자의 허락이 필요 없는 경우다. 이때는 당연히 인용비 지급도 필요 없다. 그러나 필사 모음집 등 저작권자의 허락을 반드시 받아야 하는 상황에서는, 저작권자에게 문의하여 허락을 받고 인용비를 지급하는 과정 등이 필요할 수 있다. 이때 실무적으로는 '인용 허락'이라는 용어를 쓰지만, 법적 의미에서 '인용'이라고 하기보다는 '일부 이용 허락'이라고 지칭하는 게 타당하다.

이러한 일부 이용 허락에서는, 앞 장에서 다루었듯이 그 책 저작권자의 허락이 필요하다. 현재 표준계약서상의 권리관계대로라면, 저작권자인 저자에게 허락을 받고 인용비(저작권사용료)를 지불해야 한다면 이 또한 저자에게 지불하는 것이 타당하다. 다만 출판사와 저자의 협의에 따라 인용비를 일정 비율로 서로 분배하는 건 가능하다. 나아가 모든 출판 계약이 표준계약서대로 이루어지는 것은 아니므로, 출판사와 저자가 어떠한 계약을 맺었는지 제3자는 정확히 알 수 없다. 그러므로 일부 이용 허락이 필요할 때는 출판사에 먼저 문의하는 것이 좋다. 그러면 통상 출판사가 계약관계에 따라 이용을 허락 또는 거절하거나, 저자에게 직접 문의해주기도 한다.

기타) 번역물의 일부 이용 허락에 관하여

앞 장에서도 다루었듯이, 번역물은 2차적저작물로서 원칙적으로는 원저자와 번역자의 허락을 받아 인용해야 한다. 그러나 통상 계약을 통해 원저자는 출판사에 인용 허락 권리를 부여하고, 번역자도 저작재산권 일체에 대한 이용 권리를 출판사에 부여했을 때는, 출판사가 인용 허락의 주체가 될 수 있다. 따라서 저작권법 제28조에 따른 인용 요건이 충족되지 않아(예를 들어, 필사책 모음집) 번역물의 인용 허락이 필요하면 출판사에 먼저 문의하여 권리관계를 확인해야 한다.

보호기간이 만료된 저작권

저작권 보호기간이 끝난 저작물은 누구나 자유롭게 이용할 수 있다. 저작권법은 제39조에서 저작재산권의 존속기간을 저작자 사망 후 70년(공동저작물은 마지막 사망자 기준)으로 정하고 있다(단 영상저작물은 저작자 사망이 아니라 공표 후 70년이라는 특칙이 있다). 70년의 계산법은 사망이나 공표된 연도의 다음 해 1월 1일부터 기산한다. 예컨대 1940년 5월 3일에 사망한 저작권자의 저작물이 있다면, 그다음 해인 1941년 1월 1일부터 보호기간이 기산되어 70년간 존속하게 되고, 2010년 12월 31일을 끝으로 보호가 만료된다.

출판인을 위한 저작권법

국내법은 이렇게 규정하고, 국제적으로는 베른협약이 기준이 된다. 베른협약 제7조는 최소 보호기간을 저작자 사망 후 50년으로 정하지만, 한국을 포함한 다수 국가가 이를 70년으로 연장해두고 있다. 예를 들어 프랑스의 발자크(1850년 사망)나 빅토르 위고(1885년 사망)의 작품은 이미 사후 70년을 훌쩍 넘었기 때문에 저작권 보호가 만료되었다. 따라서 번역, 출판, 각색 모두 자유롭게 할 수 있다.

이처럼 보호기간이 끝난 저작물은 누구나 번역할 수 있고, 이때 번역자는 새로 창작한 번역저작물의 저작권자가 된다. 따라서 보호기간이 만료된 저작물을 번역했다면 사실상 번역자가 최초의 유일한 저작권자가 된다고 볼 수 있다. 결국 출판 계약은 이처럼 유일한 저작권자인 번역자와 맺는 계약이라고 보아야 한다.

이러한 전제하에서 이루어지는 출판 계약의 권리관계는 앞에서 살펴보았다. 출판사가 번역자에게서 번역물에 대한 저작재산권 일체를 양도받을 수도 있고, 출판권 및 배타적이용권을 설정받아 특정 기간만 독점적으로 이용할 수도 있다. 그러나 어느 쪽이든 저작재산권에 대한 권리 양도일 뿐, 저작인격권에 대한 양도나 포기가 이루어지진 않으므로, 반드시 번역자를 성명표시하는 등 저작인격권에 대한 존중은 필수적이다.

저작권 만료는 출판물뿐만 아니라 다양한 그림이나 영상 이미지 등과도 깊이 관련된다. 예를 들어 반 고흐 작품의 저작권이 이미 만료되어 다양한 비디오아트 등 예술 전시회가 열리고, 반 고흐 작품 이미지를 토대로 한 디자인 상품도 많이 등장하고 있다. 책과 관련짓는다면, 이처럼 저작권 만료된 이미지를 책 표지에 사용하는 것도 문제되지 않는다.

다만 실제 인물이나 상표와 관련해서는 유의해야 할 점이 하나 있다. 예를 들어 1950년에 개봉한 프랑스 영화는 공표 후 70년이 지나 저작권이 소멸했다. 그렇다면 1950년의 영화 캡처 이미지는 자유롭게 이용해도 된다고 볼 수 있다. 그러나 그 영화의 '배우 얼굴'에는 저작권이 아니라 '퍼블리시티권'이 있다. 이 퍼블리시티권은 사후 소멸 규정이 없으므로, 함부로 사용하면 퍼블리시티권을 상속받거나 보유한 권리주체에게서 퍼블리시티권 침해 문제를 제기받을 수 있다.*

* 부정경쟁방지 및 영업비밀보호에 관한 법률 제2조(정의) 1. 타. 국내에 널리 인식되고 경제적 가치를 가지는 타인의 성명, 초상, 음성, 서명 등 그 타인을 식별할 수 있는 표지를 공정한 상거래 관행이나 경쟁질서에 반하는 방법으로 자신의 영업을 위하여 무단으로 사용함으로써 타인의 경제적 이익을 침해하는 행위.

교과서와 학교 및 도서관에서

교과서 제작

교과서는 저작권법상 특별한 규정을 적용받는다. 교육이라는 공익적 목적을 위해, 교과서 제작자에게는 다른 출판물에서는 허용되지 않는 범위의 자유가 주어진다. 저작권법 제25조 제1항은 "고등학교 및 이에 준하는 학교 이하의 학교의 교육 목적을 위하여 필요한 교과용도서에는 공표된 저작물을 게재할 수 있다"고 명시한다. 다시 말해 교과서 집필진은 저작권자의 허락을 받지 않고도 소설의 한 부분을 발췌하거나, 시 전문을 싣거나, 사진과 그림 자료를 수록할 수 있다. 이러한 규정은 학생들의 학습권 보장과 공공 교육을 원활하게 운영하기 위해 마련된 예외다.

이때 중요한 점은 교과용도서라는 특수한 지위다. 일반 학습참고서, 문제집, 사설 교재는 해당되지 않는다. '교과용도서'는 「초·중등교육법」에 따라 교육부가 검정하거나 인정한 교과서를 의미한다. 따라서 같은 교육 목적이라 하더라도 참고서 시장에서 활동하는 민간 출판사들은 해당 예외를 그대로 적용받지 못한다. 예를 들어 중학교 국어 교과서에 실린 시 한 편은 저작권자의 동의 없이 게재할 수 있지만, 문제집에 같은 시를 수록하기 위해서는 제28조 인용 요건을 충족하는 등의 사정이 없다면 별도로 이용 허락을 받아야 한다.

다만 교과서에 저작권자의 허락 없이 글을 실을 때는 반드시 보상금을 지급해야 한다. 이 점이 제28조 인용과 다른 점이다. 인용은 저작권자의 허락 없이, 보상금 지급 없이도 가능하다. 그러나 교과서에 게재하기 위한 조항에는 보상금 지급 의무 조건이 붙는다. 이 보상금은 사단법인 한국문학예술저작권협회를 통해 지급된다. 만약 저자로서 내 글이 교과서에 실렸는지 알고 싶다면, 해당

협회 웹사이트에 들어가 검색해보면 된다. 많은 작가가 자신의 글이 교과서에 실렸는지 모른다. 자신의 글이 교과서에 실렸는지 확인되면, 간단한 절차를 통해 보상금 지급을 청구할 수 있다.(참고로 나도 뒤늦게 한국문학예술저작권협회 웹사이트에 들어가 검색을 해보고 교과서에 나의 칼럼 등이 몇 년 전에 실렸다는 사실을 알게 되어 보상금을 청구한 적이 있다. 의외로 자신의 칼럼, 블로그 글, 책의 일부 등이 교과서에 자신도 모르게 실리는 일이 있으므로 작가라면 한번쯤 검색해보길 권유한다.)

학교 공교육 현장에서의 저작물 활용

학교 수업 목적의 저작물 이용

저작권법 제25조 제3항은 학교나 교육기관에서의 수업 목적 이용을 폭넓게 허용한다. 교사가 수업을 위해 필요하면, 공표된 저작물 일부분을 복제·배포·공연·전시·공중송신할 수 있는 것이다. 예를 들어 수업 중 학생들에게 칼럼 일부분을 읽어주거나, 소설의 한 장면을 복사해 나눠주거나, 수업 슬라이드에 보도기사의 일부를 싣는 행위 모두 가능하다. 원칙은 '일부분'이지만, 교육 목적상 부득이하다면 전체 이용도 허용된다. 다만 여기서 교육기관에는 영리 목적의 사설 강의를 하는 학원 등은 해당되지 않는다.

핵심은 교육 현장에서 실질적으로 필요해야 한다는 점이다. 교사가 소설의 특정 장면 전체를 학생들에게 읽히지 않고는 토론이 불가능하다면, 그 장면을 전부 복제해 배포하는 것도 합법적이지만, 교육에 필수적이 아님에도 소설 전문을 복제하는 식이라면 허용되지 않을 수 있다. 또한 원격수업의 확산으로 디지털 전송이 중요한데, 온라인 학습 플랫폼을 통한 저작물 이용 역시 수업 목적의 범주에 포함된다. 특히 고등학교 이하 학교에서는 보상금 지급도 면제된다는 점이 교과서 제작과 다른 점이다.

학교에서의 비영리 공연과 낭독

제29조는 영리를 목적으로 하지 않는 공연·방송을 예외로 인정한다. 학교 교육 현장에서 영화 상영이나 그림책 낭독 행사가 대표적이다. 수업이나 학예회, 동아리 활동처럼 학생들의 교육·문화 활동을 위해 이루어지는 공

연은 관람료를 받지 않는 이상 합법적이다.

예를 들어 초등학교 교실에서 영화를 함께 시청하거나, 유치원에서 교사가 그림책을 소리 내어 읽어주는 것은 저작권자의 허락이 필요 없다. 다만 주의해야 할 점은 '대가 수수 여부'다. 학생이나 학부모에게 관람료·참가비를 받으면 영리 목적 공연이 되어 별도의 허락이 필요하다. 또한 상업용 음반·영상저작물을 단순히 틀어주거나 낭독하는 것은 허용되지만, 이를 녹화·편집해 2차적 저작물로 만드는 것은 여전히 허락을 받아야 한다.

시험문제를 위한 저작물 이용

제32조는 학교 시험·입학시험·자격검정 등에서의 저작물 이용을 허용한다. 시험의 특성상 '필요한 경우'에 한한다. 곧 필요한 범위를 넘어 상당한 부분을 과도하게 복제하는 행위는 불가하다. 예컨대 국어 시험문제에서 시 전체를 싣거나, 영어 시험문제에서 소설의 일부 대화를 발췌하는 것, 미술 시험에서 유명한 그림을 제시하는 것 등은 모두 적법할 수 있다. 시험에서 필요한 범위를 넘지만 않는다면, 이때 저작권자의 허락을 받지 않아도 되고, 보상금 지급 의무도 따로 없다.

다만 '영리를 목적으로 하는 시험'은 제외된다. 사설 영어 시험, 사설 학원 모의고사처럼 수익 창출을 목적으로 운영하는 시험에는 예외 규정이 적용되지 않는다. 따라서 사설 학원이 자체적으로 시험지를 만들며 시나 소설을 복제·배포하려면 별도의 이용 허락을 받아야 한다.

결국 학교 현장에서는 저작물 이용이 법적으로 폭넓게 허용된다. 교사나 학생 모두 수업 목적이라면 합법적으로 복제·전송·공연할 수 있고, 영화 상영이나 동화책 낭독 같은 활동도 문제없다. 시험 역시 공적 교육 목적이라면 저작권자의 허락 없이 필요한 범위 안에서 저작물을 사용할 수 있다. 다만 '영리 목적'이 끼어드는 순간 법적 지위가 달라진다는 점은 분명히 이해해야 한다.

도서관에서

도서관* 또한 저작권법상 특별한 지위가 있는 기관 중 하나다. 사회 전체의 지식 접근권을 보장하면서도 저작권자의 권익을 보호하기 위해, 법은 도서관에 제한적 복제·전송 권한을 인정하고 있다.

여기서는 일상적으로 중요할 수 있는 한 가지 조항만 살펴보고자 한다. 제31조 제1항 제1호다. 도서관은 조사·연구 목적의 이용자 요구가 있다면, 공표된 저작물의 일부분을 복제해 1명당 1부에 한정하여 제공할 수 있다. 여기서 중요한 키워드는 '일부분'과 '1인 1부'다. 예를 들어 학생이 논문 작성을 위해 특정 학술지 논문의 일부를 요청한다면 사서는 그 일부만 복사해 제공할 수 있고, 동일 자료를 여러 부 복사해 나눠줄 수는 없다.

그 밖에 도서관에서 자체 보존을 위해, 또 다른 도서관에서 도서를 구할 수 없어 다른 도서관에 복제해줄 때 등 복제가 가능한 상황이 있다. 도서관 사서들이 알아야 할 저작권법은 일반적인 내용이라기보다는 특수한 실무적인 차원의 내용이므로, 자세한 내용은 국립중앙도서관에서 발행한 「도서관과 사서를 위한 저작권법 매뉴얼」 등을 참고하면 좋다.

* 국립중앙도서관·공공도서관·대학도서관·학교도서관·전문도서관 (영리를 목적으로 하는 법인 또는 단체에서 설립한 전문도서관으로서 그 소속원만을 대상으로 도서관 봉사를 하는 것을 주된 목적으로 하는 도서관은 제외한다) 및 특수도서관 등이 해당된다.

출판인을 위한 저작권법

패러디 문제

패러디parody는 원작의 일부 또는 전부를 흉내 내거나 과장하여 원작 자체 혹은 사회적 상황에 대해 비평하거나 풍자하는 것을 말한다. 이를테면 영화, 음악, 미술 등 다양한 분야에서 패러디가 이루어지는데, 패러디에는 원작 자체를 비평의 대상으로 삼는 '직접적인 패러디(대상 패러디)'와 원작을 비평의 수단으로 이용하지만 사회 일반에 대해 비평하는 '매개 패러디(수단 패러디)'의 두 종류가 있다.

성공적인 패러디는 원작을 떠올리게 하면서도 패러디 작품 자체로 독립된 창작적 가치가 인정되는 경우라 볼 수 있다. 이러한 '성공적인 패러디'는 하나의 독자적이고 개별적인 창작물로 평가되어 원작에 대해 저작권 침해를 했다고 보지는 않을 수 있다. 반대로 패러디 작품이 독자적인 창작성이 부족하여 거의 원작을 그대로 베낀 수준이거나 비평적인 요소를 발휘하지 못한다면, 단순한 복제 수준에 불과하여 저작권 침해로 인정될 위험이 높다.

패러디는 본질적으로 다른 사람의 원저작물을 이용하여 이루어지므로, 저작권법적인 문제가 발생할 수 있다. 특히 원저작물의 2차적저작물작성권(저작재산권) 및 동일성유지권(저작인격권)이 문제된다. 패러디 자체가 필연적으로 원작의 일부를 변형하거나 재창작하기 때문이다.

따라서 현행 법령대로라면 원저작자의 허락이 없으면 저작권 침해가 될 수 있지만, 관련 사건에서 법원 및 학계는 나름대로 판례 법리를 통해 패러디를 인정할 여지를 열어놓았다. 그렇지 않으면 우리나라에 존재하는 모든 패러디 창작물이 저작권을 침해한 결과가 될 수 있기 때문이다. 우선은 다음과 같은 기준에 따라 패러디 허용 여부를 실무적으로 점검해볼 수 있다.

출판인을 위한 저작권법

① 독자 입장에서 패러디가 원작을 비평 또는 풍자했다는 사실을 알 수 있어야 한다. 그러한 사실 자체를 독자가 알 수 없어서, 원작의 원래 내용 자체를 패러디 내용으로 오해하게 한다면 일종의 '실패한 패러디'로 볼 수 있다.

② 비평 또는 풍자의 직접적인 대상이 사회현실인 패러디(매개 패러디)는 저작권자의 허락 없이 작성하기가 어렵고, 비평 또는 풍자 대상이 원작 자체일 때(직접적인 패러디)만 허용된다는 것이 일반적인 견해다. 곧 현대인의 가벼운 사랑 방식을 풍자하기 위해 어떠한 시를 패러디로 활용한다고 해보자. 이때 제28조 인용에 따른 정당한 범위를 넘어서 시 자체를 패러디로 적극적으로 활용하려면 저작권자의 허락을 받아야 한다. 반면 그 시 자체를 비판(비평)하기 위하여 풍자 대상으로 삼는다면(가령, 그 시의 표현 방식이 너무 유치하다는 점을 풍자하기 위해), 경우에 따라 저작권자의 허락이 없어도 가능하다는 것이다.

③ 이용된 원작의 분량과 핵심성도 판단 기준이다. 패러디는 원작을 떠올릴 수 있을 최소한의 범위 내에서만 원작 표현을 차용해야 정당화될 수 있다는 것이다. 다시 말해 패러디를 위해 필요한 정도를 넘어 원작의 중요한

부분을 과도하게 사용하면 저작권 침해로 볼 여지가 생긴다. 예컨대 원작의 거의 전부를 그대로 활용하면서 약간의 회화화 요소만 덧붙인다면, 설령 패러디의 의도를 갖추었더라도 허용된다고 보기 어렵다.

법원은 특히 패러디와 관련하여 패러디가 제28조 '인용' 조항에 의해 허용될 가능성이 있으나 이를 "인용의 목적, 저작물의 성질, 인용된 내용과 분량, 피인용저작물을 수록한 방법과 형태, 독자의 일반적 관념, 원저작물에 대한 수요를 대체하는지 여부 등을 종합적으로 고려"하여 정당한 범위 내의 인용인지 판단해야 한다고 본다. 이에 따라 판단했을 때, 특히 원작에 더해 새로운 의미를 부여하지 못하고 단순히 인기나 재미를 위해 상업적으로 차용한 패러디는 보호받지 못한다고 볼 수 있다. 다시 말해 패러디 작품 자체로 새로운 가치를 창출하거나 원저작물과 다른 기능을 하지 않고, 그저 흥미 유발이나 관심 끌기, 상업적 이용에 그치면 인용에 해당하지 않아 저작권 침해가 될 수 있다.

이러한 판단은 사실 실무적으로 '허용되는 패러디인지 아닌지' 곧 '성공한 패러디인지 실패한 패러디인지'를 개별 저자나 편집자가 단정하여 내리기가 쉽지 않다. 다만 원작의 상당 부분을 그대로 인용하여 사회현상을 비판하는 방식이라면 제28조 인용 요건을 검토하거나 저작권자의 허락을 받는 게 타당하다. 만약 원작을 자유롭게 변형하여 완전히 새로운 작품을 만드는 경우라면, 창작한 패러디 작품에 새로운 가치를 창출하는 독창성이 있다는 확신하에 진행해야 할 것이다.

저작물의 공정한 이용에 관하여

출판 현장에서 저작물의 합법적 활용은 대부분 저작권법 제28조, 곧 인용 규정에 따라 정리된다. 다만 소위 '공정이용'으로 불리는 저작권법 제35조의5(저작물의 공정한 이용) 조항에 대해서도 알아두어야 한다. 특히 이 조항에 관하여 '공정이용 조항이 있으니까, 공정하게만 저작물을 쓰면 괜찮겠지' 하는 태도를 지니기도 하는데, 그에 관해 좀 더 분명히 이해해야 한다. 워낙 유명한 조항이니만큼 한 번 정확히 살펴보자.

저작권법 제35조의5(저작물의 공정한 이용)

출판인을 위한 저작권법

① 제23조부터 제35조의4까지, 제101조의3부터 제101조의5까지의 경우 외에 저작물의 일반적인 이용 방법과 충돌하지 아니하고 저작자의 정당한 이익을 부당하게 해치지 아니하는 경우에는 저작물을 이용할 수 있다.

② 저작물 이용 행위가 제1항에 해당하는지를 판단할 때에는 다음 각 호의 사항등을 고려하여야 한다.

  1. 이용의 목적 및 성격

  2. 저작물의 종류 및 용도

  3. 이용된 부분이 저작물 전체에서 차지하는 비중과 그 중요성

  4. 저작물의 이용이 그 저작물의 현재 시장 또는 가치나 잠재적인 시장 또는 가치에 미치는 영향

공정이용 조항은 흔히 저작권자의 허락 없이 저작물을 이용하게 해주는 면책권처럼 받아들여지는 경향이 있다. 그러나 그 조항을 뜯어보면, 요건을 충족하기 쉽지 않다는 걸 이해할 수 있다. 일단 대전제는 '저작권자의 정당한 이익'을 '부당하게 해치면' 안 된다는 것이다. 그렇다면 나의 이용행위가 저작권자의 정당한 이익을 부당하게 해쳤는지 그렇지 않은지 어떻게 아는가? 이를 위

해서는 내 이용의 목적과 성격, 내가 사용한 저작물의 종류와 용도, 내가 이용한 부분이 그 저작물 전체에서 어느 정도의 분량과 중요성을 차지하는지 따져봐야 한다. 특히 마지막으로 나의 이용 방식이 그 저작물의 시장 가치에 부정적인 영향을 주면 안 된다.

이러한 요소를 모두 종합하여 나의 이용이 '공정이용'인지 판단하기는 쉽지 않다. 사실상 출판 실무에서 이런 판단을 개별 편집자가 한다는 건 거의 불가능에 가깝다. 개별 사안으로 들어가면, 변호사들끼리도 의견이 분분할 것이다. 다만 비영리적인 목적으로 블로그에 발췌 글 일부를 게시하거나, 메신저 프로필에 책 일부를 찍어서 올리는 정도, 혹은 공익적 목적으로 저작물을 일부 이용하는 정도라면 '공정이용'을 주장해볼 만하다.

그러나 필사집의 일부로 다른 저작물을 이용하거나, 본문 내용과 무관하게 디자인적 요소 혹은 마케팅적인 요소로 짧은 글귀를 배치하거나, 상업적 홍보 목적으로 원문을 발췌하여 요약하는 등 출판 실무에서 이루어질 법한 일들은 대부분 영리적 성격이 강해 '공정이용'을 주장하기 어려울 가능성이 높다. 따라서 현실적으로는 제28조 인용에 따른 활용 정도를 제외한다면, 저작권자의 허락을 받는 것이 안전하다.

　반면 앞에서 살펴보았듯이 인용 규정은 생각보다 활용 폭이 넓다. 우리 판례는 특히 '영리적 목적의 인용도 가능하다'는 태도를 취하기에, 출처 명시와 정당한 범위, 나아가 공정한 관행만 충족한다면 출판물 판매를 전제로 한 인용도 인정한다. 따라서 실무자는 되도록 제28조 인용 규정 안에서 문제를 해결하는 것이 안전하다. 만약 인용으로 포섭되지 않는 애매한 이용이라면, 공정이용 조항을 항변 근거로 삼기보다 처음부터 저작권자의 허락을 받는 것이 타당하다.

　정리하면, 출판 현장에서 공정이용은 독립적인 활용 수단이라기보다는 최후의 경우에 주장해볼 수 있는 보조 논리에 불과하다. 아니면 드물게 공익적인 목적의 출판이나 행사 등에서 타 저작물을 허락 없이 이용할 때 공공적 성격임을 들어 공정이용을 주장해볼 수 있는 정도다. 상업적으로 인용과 무관한 방식으로 타인의 저작물을 이용할 때는, 아무리 짧은 문구라도 저작권자의 동의를 얻는 것이 원칙이다. 출판인은 '인용 규정을 적극적으로 활용하되, 공정이용에 기대야만 하는 상황은 만들지 말 것'이라는 점을 명심해야 한다.

기타) 사적 이용을 위한 복제

저작권법 제30조(사적 이용을 위한 복제)는 "공표된 저작물을 영리를 목적으로 하지 아니하고 개인적으로 이용하거나 가정 및 이에 준하는 한정된 범위 안에서 이용하는 경우에는 그 이용자는 이를 복제할 수 있다"라고 규정한다. 이는 말 그대로 순전히 비영리적인 목적으로 개인적 이용을 위해서는 타인의 저작물도 허락 없이 복제할 수 있다는 의미다. 예를 들어 책을 샀는데 글자가 작아서 잘 보이지 않을 때, 확대 복사하여 가정 내에서 보는 정도라면 문제없다.

다만 개인적 목적이라 해도 블로그나 SNS에 저작물을 복제하여 공개하는 것은 '복제'를 넘어 '전송' 등에 해당할 수 있으므로 해당 조항으로 보호받기는 어려울 수 있다. 물론 이 경우에는 대신 비영리적 목적의 '공정이용'에 해당할 여지가 있긴 하다. 그렇지만 공정이용은 코에 걸면 코걸이, 귀에 걸면 귀걸이처럼 해석될 여지가 있으므로, 온라인상의 저작물 게시는 제28조 '인용' 요건을 충족하는 방식으로 활용하는 것이 가장 바람직하다.

출판을 둘러싼
다양한 문제

생성형 AI를 둘러싼 저작권 문제[*]

AI 생성물은 저작권이 있는가

최근 출판 현장에서 AI 활용이 급격히 늘어나고 있다. 번역, 교정, 삽화 제작은 물론이고, 아예 책의 초고까지 생성형 AI가 작성하는 사례도 등장한다. 그러나 법적으로 AI가 만든 산출물은 곧바로 저작물로 인정되지 않는다. 우리 저작권법은 인간의 사상과 감정을 창작적으로 표

---

[*] 이 책에서는 분량의 한계상 생성형 AI와 저작권에 대해 출판업계 실무 중심으로 핵심만을 다루고자 한다. 자세한 내용은 『AI, 글쓰기, 저작권』에서 다루었다.

현한 결과물만 저작물로 본다(저작권법 제2조). 따라서 인간이 프롬프트 입력만 하고 AI가 생성한 결과물에서, 인간이 제공한 건 '아이디어'일 뿐 인간이 직접 '표현'한 건 아니라 보므로, 저작권법이 보호하는 저작물 자체가 아니다. 출판사가 이를 단순히 활용해 책을 낸다면, 법적으로는 저작권이 발생하지 않은 상태에서 사업을 하는 셈이 될 수 있다.

이처럼 AI로 생성한 일러스트나 글은 저작권 자체가 인정되지 않을 수 있지만, 반대로 다른 누구의 저작권도 침해하지 않을 수 있다. 저작물이 아니라는 말은 그 작품의 주인이 아무도 없다는 뜻이기도 하기 때문이다. 그에 따라 최근에는 출판 디자인이나 각종 삽화 등에서 AI를 활용하는 일이 잦아지고 있다.

하나 기억할 점은 그렇게 프롬프트 입력만으로 만든 일러스트나 글에 대해서는 저작권이 없으므로, 다른 누군가가 이를 복제해가거나 상업적으로 이용하더라도 문제를 제기하기 어렵다는 점이다. 안전하게 이용할 수 있는 소스지만, 프롬프트 입력자도 권리를 주장하기 어렵다는 맹점이 있는 셈이다.

AI 생성물에 저작권이 발생하는 경우

AI 생성물에 저작권이 없다는 건 어느 정도 합의된 법리라고 볼 수 있다. 그렇지만 최근에는 다른 법리도 등장하고 있다. AI 생성물 자체에는 저작권이 없더라도, 그 생성물에 인간이 창작적인 표현을 더하거나 독창적으로 편집 등을 한다면, 인간이 개입한 차원에 대해서는 저작권이 부여되어야 한다는 견해다. 실제로 한국저작권위원회에서는 AI 생성물의 저작물 등록을 받아주지 않지만, 인간이 창작적으로 수정, 보완, 편집 등을 통해 개입한 것을 소명한다면 저작물 등록을 받아준다.

그렇기에 출판 실무에서도 인간의 개입이 중요하다. AI가 초안을 만들더라도 이를 편집자나 저자가 창작적으로 선별, 배열, 수정, 보완, 증감하는 등 인간의 개입이 있다면, 그처럼 인간이 창작적으로 개입한 부분에 한해서 저작권이 인정될 수 있다. 나아가 독창적인 배열과 편집이 인정된다면 '편집저작물'(저작권법 제6조)로 보호될 수 있다. 실제로는 AI 문장을 기계적으로 붙여낸 원고라 하더라도, 저자나 편집자가 의도를 가지고 독창적으로 챕터를 구성하고 편집한다면 저작물성이 인정될 가능성이 있다.

따라서 출판 실무에서 중요한 것은 최종 결과물에 인간의 창작적 개입이 충분히 드러나도록 하고, 이를 입증할 수 있는 편집이나 집필 과정을 기록으로 남기는 일이다. 법적 분쟁이 생길 때 '어디까지가 AI 산출물이고 어디서부터 인간의 창작이 개입했는지' 설명해야 하기 때문이다. 따라서 원고 작성 과정, 편집자의 교정 흔적, 프롬프트 및 수정 이력 등을 보존해두는 것이 권리를 인정받는 데 유리할 수 있다.

AI 생성물은 항상 안전한가

AI 생성물이라고 해서 항상 저작권으로부터 안전한 것은 아니다. 대표적으로 원본이 있는 저작물을 AI로 변형하면 저작권 문제가 발생할 소지가 크다. 예를 들어 저작권이 유효한 그림이나 사진을 AI에 넣어 변형 이미지를 생성하는 것은 원저작자의 2차적저작물작성권(저작권법 제5조)과 관계된다. 번역, 편곡, 각색처럼 '변형' 자체가 원작자의 권리에 속하기 때문이다. 'AI가 새로 만들

었으니 원작과는 완전히 별개다'라는 착각은 위험하다. 독자가 원작을 식별할 수 있는 정도라면 침해가 될 수 있다. 따라서 원저작물이 아직 보호기간 안에 있다면 반드시 권리자의 허락을 받아야 한다.

물론 보호기간이 만료된 저작물을 활용하는 것은 상대적으로 자유롭다. 예를 들어 발자크의 소설처럼 저작권이 소멸한 고전 문학을 AI로 번역하면 2차적저작물작성권 문제가 발생할 여지가 없다. 저작권이 만료된 이미지를 변형하는 것도 마찬가지다. 대표적으로 반 고흐 작품 스타일로 다양한 캐릭터를 생성하는 것은 저작권 문제가 없다고 볼 수 있다.

AI 활용을 둘러싼 저작권 문제는 현재 진행형이고, 계속하여 새로운 상황이나 법리가 발생할 수 있다. 따라서 한국저작권위원회 웹사이트에서 공시하는 여러 가이드라인이나 공고를 자주 확인해야 한다. 또한 AI와 관련한 기본적인 법리를 탄탄히 익혀두는 것도 좋다.*

---

* 최근에는 「AI 기본법(인공지능 발전과 신뢰 기반 조성 등에 관한 기본법)」 시행으로 각종 고지 의무 등이 생겼으므로 이를 잘 확인해두자.

책 제목의 저작권

책을 만들 때 가장 중요하게 고민하는 것 중 하나가 제목
이다. 저자와 출판사가 아무리 좋은 원고를 가지고 있어
도, 결국 독자 앞에 가장 먼저 서는 것은 제목이기 때문이
다. 그런데 의외로 많은 사람이 제목에도 저작권이 있는
지, 다른 사람이 이미 쓴 제목을 그대로 쓰면 불법인지 몰
라 혼란스러워한다.

　결론부터 말하면 일반적인 책 제목에는 저작권이 인
정되지 않는다. 저작권은 '창작적인 표현'에만 부여되는
데, 제목은 통상 몇 단어로 이루어진 짧은 문구에 불과하
기 때문이다. 저작권법과 판례는 간단하고 짧은 표어, 구

　　　　　　　　출판인을 위한 저작권법

호, 제목 등은 창작성이 인정되기 어렵다고 일관되게 본다. 예를 들어 이미『분노사회』라는 제목의 책이 나왔지만, 다른 사람이 동일한 제목을 쓴다고 저작권 침해가 되지는 않는다.

그렇다고 해서 제목 사용이 법적으로 완전히 자유로운 것은 아니다. 경우에 따라 상표권이나 부정경쟁방지법이 문제될 수 있기 때문이다. 특정 제목이 오랫동안 널리 알려져 독자들에게 특정 출판사나 저자를 연상시키면, 그 제목은 사실상 하나의 '브랜드'로 기능한다. 다음의 법률 조항을 살펴보자.

부정경쟁방지 및 영업비밀보호에 관한 법률 제2조(정의)

1. "부정경쟁행위"란 다음 각 목의 어느 하나에 해당하는 행위를 말한다.

　타. 국내에 널리 인식되고 경제적 가치를 가지는 타인의 성명, 초상, 음성, 서명 등 그 타인을 식별할 수 있는 표지를 공정한 상거래 관행이나 경쟁질서에 반하는 방법으로 자신의 영업을 위하여 무단으로 사용함으로써 타인의 경제적 이익을 침해하는 행위

　파. 그 밖에 타인의 상당한 투자나 노력으로 만들어진 성

과 등을 공정한 상거래 관행이나 경쟁질서에 반하는 방법
으로 자신의 영업을 위하여 무단으로 사용함으로써 타인
의 경제적 이익을 침해하는 행위

이런 경우 후발 저자가 동일하거나 혼동될 만큼 유사
한 제목을 사용하면, 독자를 기만하거나 기존 저자의 경
제적 가치를 침해하는 문제로 번질 수 있다. 실무에서도
출판사는 제목을 저작권으로 보호하기보다는 상표 등록
을 통해 독점적 사용권을 확보하려고 할 때가 있다. 특히
베스트셀러 제목이나 장기간 시리즈물의 제목은 상표로
등록해두기도 한다. '＊＊시리즈' 같은 타이틀은 저작권
이 아니라 상표권으로 관리될 수 있다.

정리하면 제목 그 자체는 저작권이 거의 인정되지 않
는다. 그러나 널리 알려져 경제적 가치를 가졌을 때는 부
정경쟁방지법으로 보호될 수 있고, 특히 시리즈물은 상
표 등록을 통해 보호할 수도 있다.

인터뷰의 저작권
인터뷰어와 인터뷰이 중 누가 저작권자인가

인터뷰 또한 출판 실무에서 자주 만나게 되는 원고다. 책에 인터뷰를 몇 편 싣기도 하고, 인터뷰집 자체를 제작하기도 한다. 인터뷰는 단순히 질문과 답변의 나열 같아 보여도, 저작권의 관점에서는 복잡한 쟁점을 안고 있다. 기본적인 문제는 '인터뷰어와 인터뷰이 중 누가 저작권자인가'이다.

먼저 인터뷰이의 발언은 말 자체에 창작적 표현이 담겨 있다면 저작물로 인정될 수 있다. 단순한 사실 전달이나 누구나 말할 수 있는 평범한 대답은 저작물성이 없지만, 사상과 감정을 독창적으로 표현한 대목이라면 인터뷰이의 저작권이 인정된다. 따라서 인터뷰집에 해당 발언을 수록하려면 인터뷰이의 동의를 받아야 한다. 저작권뿐 아니라 초상권, 성명권, 퍼블리시티권 등 인격적 권리 문제도 얽혀 있어, 인터뷰이는 단순한 '인터뷰 대상자'를 넘어 권리자이기도 하다.

한편 인터뷰어 역시 권리가 있다. 질문 자체가 창의적 표현일 수 있고, 여러 인터뷰를 기획·배열·편집하는 과정에서 독창성이 명료하게 드러난다면 그 부분은 인터뷰어가 저작권을 지닐 수 있다. 다만 인터뷰어의 기여가 단순히 질문을 던지고 답변을 받아 적는 수준에 그친다면 저작권이 인정되는 범위는 제한적이다.

경우에 따라서는 인터뷰 자체를 인터뷰이와 인터뷰어의 '공동저작물'로 볼 가능성도 있다. 분리 불가능하게 두 사람의 창작적 기여가 얽혀 있다고 보는 것이다. 다만 모든 경우에 공동저작물이라고 단정하기는 어렵다. 어떤 경우는 인터뷰이의 발언만 저작물성이 인정되기도 하고, 다른 경우는 인터뷰어의 편집·구성에만 창작성이 인정되기도 한다. 곧 케이스 바이 케이스로 판단할 수밖에 없는 영역이다.

이처럼 모호한 영역의 실무적 결론은 명백하다. 인터

뷰집을 출간하려면 반드시 인터뷰이의 동의를 받아야 한다는 점이다. 기사로 한 번 보도된 인터뷰라 하더라도, 이를 다시 묶어 책으로 내는 과정에서는 인터뷰이의 허락을 받아야 한다. 반대로 인터뷰어는 전체 기획과 편집에 대한 권리를 가진다. 따라서 출판사가 안전하게 인터뷰집을 제작하려면, 인터뷰이와 인터뷰어 모두에게 사전에 연락하여 서면 동의를 얻는 등 저작권 문제를 확실하게 정리하는 것이 필수다.

여담으로 나도 『돈 말고 무엇을 갖고 있는가』, 『사람을 남기는 사람』 등에 인터뷰를 실은 적이 있다. 인터뷰를 시작하기 전에 인터뷰이들에게 인터뷰가 책에 실린다는 사실을 고지한 건 물론이고, 출판 전에도 출판사에서 일일이 연락했다. 다만 이 인터뷰는 특이점이 하나 있는데, 내가 '에세이 형식'으로 인터뷰를 작성해서 중간중간 인터뷰이의 글이 인용되는 형태로 들어갔다는 점이다. 따라서 제28조 인용으로 해결될 여지가 있는 형태이긴 했지만, 인터뷰이의 초상권, 성명권, 퍼블리시티권 등까지 고려한다면 허락을 받는 게 당연한 일이었다.

결론적으로 인터뷰에서 인터뷰이의 발언은 인터뷰이에게 저작권이 있다고 보는 게 가장 기본 원칙이므로, 설령 인터뷰어라고 하더라도 자신이 인터뷰한 대상의 발언을 마음대로 활용하는 건 어렵다고 볼 수 있다. 특정 신문 기사에서 인터뷰이의 발언을 활용하고 싶다면, 가장 먼저 인터뷰이의 허락을 받아야 하고, 인터뷰어가 문장 등 표현 면에서 기여한 점이 크다면 인터뷰어의 허락도 함께 받는 게 타당하다.

공모전과 출판

여러 단체나 기관, 잡지, 출판사 등에서 새로운 콘텐츠를 확보하기 위해 창작물 공모전을 자주 개최한다. 응모작을 책으로 출판하거나, 이후 다른 형태로 활용하기도 한다. 그러나 공모전과 저작권의 관계를 잘못 설정하면, 응모자와 주최자 모두 불필요한 법적 분쟁에 휘말릴 수 있다.

저작권법에 공모전에 대한 별도의 조항은 규정되어 있지 않다. 대신 저작권 일반 법리에 따라 문화체육관광부 및 한국저작권위원회에서 발간한 「창작물 공모전 지침」이 있으므로, 이에 따라 공모전을 운영하는 게 타당하다.

해당 지침 내용을 기초로 판단해보면, 응모했다는 이유만으로 응모작의 권리가 주최자에게 이전되지 않는다. 분명히 알아야 할 건 '수상작'이 아니라 '응모작'에 대한 권리를 주최 측에 귀속하겠다는 식의 일방적 고지는 지침에 따라 금지된다는 점이다. 주최 측은 단순 응모작에 대해서는 어떠한 권리도 취득할 수 없으며, 응모자가 응모작 반환을 요청하면 반환해야 하는 의무도 있다. 만약 주최 측에서 아쉽게 탈락한 응모작을 활용하고 싶다면, 반드시 응모자에게 연락하여 별도의 합의를 해야 한다.

그렇기에 만약 출판 관련 공모전이라면, 주최 측은 응모작이 아니라 수상작에 대한 일정한 권리만을 응모요강에 고지할 수 있다. 이 과정에서 가장 문제가 되는 것은 흔히 공모전 요강에 적혀 있는 포괄적이고 불공정한 조항들이다. "수상작의 모든 권리는 주최자에게 귀속된다"거나 "주최자는 수상작을 자유롭게 이용할 수 있다"라는 문구는 지침에서 지양해야 할 사항으로 지적된다. 이런 약관은 응모자에게 불리하고 권리 제한이 과도하므로 약관규제법상 무효가 될 수 있다. 실제로 공정거래위원회 역시 응모자 저작권을 일괄 귀속시키는 약관은 불공정 약관에 해당한다고 본다. 따라서 출판사가 공모전을 열면서 이러한 문구를 넣는 것은 위험할 뿐 아니라, 이후 출판 과정에서 정당한 권리 취득을 했다고 보기 어렵다.

출판사가 수상작을 책으로 내고자 한다면, 이용 허락을 받아야 한다. 이때 이용 허락은 반드시 목적·범위·기간·매체를 구체적으로 적시해야 하며, 상금이나 부상이 그 대가라는 점도 명확히 해야 한다. 예컨대 "수상작은 5년간 인쇄본 및 전자책 형태로 출판·배포할 수 있다"라는 식으로 규정하는 것이 바람직하다. 이렇게 해야만 응모자와 주최자 모두 권리·의무를 분명히 할 수 있다.

특히 중요한 부분은 2차적저작물작성권이다. 원작을 각색해 웹툰이나 드라마, 영화, 게임, 굿즈 등으로 제작하려 한다면, 이는 단순 출판과 달리 별도의 권리가 필요하다. 지침에서도 강조하듯이, 응모 단계에서 2차적저작물작성권을 자동적으로 확보하려는 것은 불공정할 수 있으며 반드시 별도 협의와 정당한 대가가 필요하다. 실제로 이 지점을 놓쳐 여러 분쟁이 발생한다. 출판사가 '책으로 낼 권리만 받았는데, 이후 영상화까지 하고 싶다'라는 상황에 직면하면, 응모자와 새 계약을 맺어야 한다. 응모 단계에서 광범위한 2차적 이용을 일괄적으로 요구하는 것은 불공정 약관으로 무효화될 위험이 높다.

또한 수상작을 편집하는 과정에서도 저작인격권을 존중해야 한다. 저자의 이름을 표시하지 않거나 작품을 임의로 개작하는 것은 동일성유지권 침해로 이어질 수 있다. 수상작을 수록할 때는 원작의 본질을 훼손하지 않는 범위에서 편집하고, 불가피한 수정은 반드시 저자와 협의해야 한다.

정리하면 응모작의 저작권은 응모자에게 있고, 출판사는 수상작에 대해 필요한 범위의 권리만을 합리적으로 확보해야 한다. 응모작에 대한 권리 일괄 귀속 조항은 불공정 약관으로 금지되며, 2차적저작물작성권은 반드시 별도의 협의와 정당한 대가를 통해 확보해야 한다. 이 두 가지를 명확히 하지 않으면, 공모전은 창작자 발굴의 장이 아니라 분쟁의 씨앗이 될 수 있다.

뉴스저작권과 출판

뉴스 기사도 저작권법의 보호를 받는 저작물이다. 기자가 취재하고 분석해 작성한 기사, 편집자가 구성한 지면, 보도사진 역시 창작성이 인정되므로 다른 글이나 사진과 동일하게 보호된다. 다만 문장 표현 등에서 창작성이 있다고 보기 힘든, 단순 사실 전달에 그치는 인사동정, 주식시세, 일기예보 등은 보호 대상이 아니다. 저작권은 '단순 사실'을 기술한 것이 아니라 '인간의 사상 또는 감정'을 표현한 창작물에만 부여되기 때문이다.

곧 기자의 창작적 표현이 문장에 반영되었다고 인정되는 대부분의 기사에는 저작권이 있다고 볼 수 있다. 기사 중에는 창작적 표현이 전혀 없이 단순 사실 전달에 그치는 경우도 있지만, 대개 기자만의 고유한 생각과 감정 등이 문장에 담기면서 고유의 문체를 형성하며 한 편의 창작물이 형성되기 때문이다.

출판 현장에서는 다양한 방식으로 뉴스저작권이 문제가 된다. 예를 들어 출판사가 특정 사건을 다루는 책을 만들면서 관련 보도 기사를 통째로 싣는 경우, 기관 홍보 책자에 자사 관련 언론 보도를 그대로 수록하는 경우, 또는 자서전에 과거 인터뷰 기사를 전문 게재하는 경우 등이 대표적이다. 출판사 입장에서는 책에 따라 자료 수집 차원에서 뉴스가 필수적일 수 있지만, 저작권자 동의 없이 기사나 사진을 그대로 실으면 저작권 침해가 될 수 있다.

그렇다고 기사 활용이 모두 막혀 있는 것은 아니다. 앞에서 살펴보았듯, 저작권법 제28조의 '인용'은 뉴스 기사의 제목, 본문, 사진 등에 모두 적용되므로, 비평·보도·교육·연구 목적 등에 따른 정당한 범위 안의 인용은 가능하다. 따라서 기사 제목이나 본문 몇 줄 정도는 인용 요건만 충족한다면 인용해도 된다고 볼 수 있다.

다만 현재 한국언론진흥재단은 뉴스토어(www.newstore.or.kr)를 통해 간단히 합법적으로 뉴스저작물

사용을 허락받을 수 있는 창구를 마련해두었다. 그러므로 인용 요건이 충족되는지 확신할 수 없으면, 이와 같은 공식적인 루트를 활용하는 것이 가장 안전하게 출판하는 방법이다. 특히 뉴스저작권 중에서도 언론사 보도 사진은 최근 언론계에서 예민하게 받아들이는 문제이므로, 인용 조항에만 기대기보다는 저작권료가 크게 부담되지 않는다면 뉴스토어를 활용하는 것이 좋다.

폰트 저작권과 출판

책을 만들다 보면 제목 디자인, 내지, 표지 등에서 폰트 사용은 필수적이다. 그러나 의외로 출판 현장에서 종종 폰트 사용에 대해 엄격하지 못할 때가 있다. 실제로는 폰트 역시 저작권의 보호를 받으며, 무심코 사용했다가 침해 문제가 불거질 때가 적지 않다.

법적으로 엄밀히 따지면 폰트 자체, 곧 글자의 '모양'이 저작물이 아니라, 컴퓨터에 저장되는 폰트 파일(프로그램)이 저작물이다. 이 파일은 디지털 방식으로 글자를 구현하는 프로그램이므로, 저작권법상 '컴퓨터프로그램저작물'로 보호된다. 따라서 무단 복제나 불법 다운로드

　　　　　　　　　　　　　　出판인을 위한 저작권법

는 소프트웨어 불법복제와 같은 성격의 침해가 된다.

출판 실무에서 중요한 건, 폰트 사용이 라이선스 계약에 따라 허용된다는 점이다. 곧 폰트 파일을 구매하거나 합법적으로 제공받았다면 그 계약이 허용하는 범위 내에서만 쓸 수 있다. 예컨대 일부 무료 폰트는 '비상업적 사용만 허용'이라고 되어 있는데, 이를 출판물(상업적 용도)에 쓰면 저작권 침해가 될 수 있다. 또 어떤 폰트는 인쇄물은 허용하지만, 영상 제작이나 웹사이트 배포에는 별도 라이선스를 요구하기도 한다.

특히 문제는 '디자인' 단계에서 외주 디자이너가 폰트를 사용했을 때다. 외주 디자이너 개인이 불법 복제한 폰트를 사용했다면, 원칙적으로는 외주 디자이너의 책임이 된다. 다만 계약관계에 따라 그 책임을 출판사도 일부 함께 질 여지가 있고, 무엇보다 출판물 회수나 수정 등으로 인한 영업 차질 등 기회비용을 포함한 손해를 입게 될 수 있다.

따라서 외주 디자인을 맡길 때도 계약 단계에서부터 합법적인 폰트 이용을 명시하고, 출판사 입장에서도 출판 전에 최종적으로 합법적인 라이선스가 있는 폰트가 사용되었는지 확인해야 한다.

요약정리집 등 요약물 관련 문제

많은 책에서 다른 책 등 저작물의 '요약'은 흔하게 들어
간다. 그러나 다른 저작물을 요약하는 게 언제나 저작권
문제가 없는 건 아니다. 경우에 따라서는 저작권 침해가
될 수 있다. 문제가 되는 권리는 2차적저작물작성권이
다. 판례는 다음과 같은 기준으로 요약물이 원저작물의
2차적저작물작성권을 침해할 수 있는지 판단한다.

어문저작물인 원저작물을 기초로 하여 이를 요약한 요약물
이 원저작물과 실질적인 유사성이 없는 별개의 독립적인 새
로운 저작물이 된 경우에는 원저작물 저작권자의 2차적저

작물작성권을 침해한 것으로 되지는 아니하는데, 여기서 요약물이 원저작물과 실질적인 유사성이 있는지는, 요약물이 원저작물의 기본으로 되는 개요, 구조, 주된 구성 등을 그대로 유지하고 있는지 여부, 요약물이 원저작물을 이루는 문장들 중 일부만을 선택하여 발췌한 것이거나 발췌한 문장들의 표현을 단순히 단축한 정도에 불과한지 여부, 원저작물과 비교한 요약물의 상대적인 분량, 요약물의 원저작물에 대한 대체가능성 여부 등을 종합적으로 고려하여 판단해야 한다.

곧 요약물이 원저작물의 개요, 구조, 구성 등을 그대로 유지하면서, 원저작물의 문장을 거의 그대로 가져오고, 그리하여 결과적으로 요약물만 읽으면 원저작물을 읽지 않아도 될 정도로 대체해버린다면, 요약물과 원저작물은 '실질적으로 유사'하다고 본다. 이렇게 '실질적 유사성'이 인정되면, 요약물은 원저작물의 저작권(2차적저작물작성권)을 침해한 것이다.

시중에는 '암기장' 같은 형태로 기존에 있는 수험서의 목차나 내용을 거의 그대로 차용하고, 단순히 문장만 단축하는 식으로 출간하는 경우가 종종 있다. 이때 원저작물의 저작권자 허락이 없으면, 2차적저작물작성권 침해가 될 수 있는 것이다.

그러나 다른 책의 내용을 요약하더라도, 자기만의 문장과 구조로 풀어쓰고 요약하는 형식이고, 원저작물을 대체할 정도의 상당한 분량으로 요약정리한 수준이 아니라면 저작권 침해 가능성은 거의 없다고 볼 수 있다. 쉽게 말해, 흔히 출판에서 이루어지는 대로 다른 책을 몇 단락 요약해서 자기 언어로 언급하는 식은 거의 문제되지 않는다. (오히려 이 문제가 가장 심각한 건 유튜브 등에서 이루어지는 영상요약물이라고 볼 수 있다. 한 편의 영화나 드라마 시즌 전체의 영상을 짜깁기하여 붙여넣기하는 '20분 몰아보기' 식의 요약물을 만드는 행위 등은 저작권 침해 가능성이 높다.)

침해가 의심될 때의 대응 절차
저작권 분쟁 대응과 구제 절차 실무

만약 저작권 침해 문제가 발생했다면, 저자나 출판사 입장에서 어떻게 대응해야 할지 곤란해한다. 특히 저작물을 타 출판사나 제3자가 무단으로 복제하거나 상업적으로 이용할 때 대처방법을 알아두어야 한다.

첫 단계는 무엇보다 증거 확보와 사실 정리다. 침해된 것으로 보이는 책이나 삽화, 디자인, 편집 파일 등을 원본과 나란히 비교 가능하게 정리하고, 언제 어떻게 사용되었는지 URL, 배포 매체, 게시 시점, 다운로드 기록, 스크린샷 등의 자료를 확보한다. 내부적으로는 편집 이력, 교정본, 이메일 기록, 계약서 등 제작 과정을 입증할 문서가 필요할 수 있다.

그다음엔 경고장 또는 내용증명을 보내는 단계다. 상대방에게 무단 복제 또는 이용 사실을 통지하고, 즉각 중지하도록 하고 복제물 회수·폐기 또는 정당 이용 허락 협의 요청을 공식적으로 요구한다. 이때 기한을 정해 답변을 달라는 문구를 넣는 것이 일반적이고, 발송 방식은 이메일이나 내용증명 우편을 활용해 기록이 남게 해야 한다. 이 문서 자체가 후속 소송이나 조정에서 중요한 근거가 된다. 경고장만으로 상대가 응하면 타협이나 조정으로 끝나기도 하므로, 이 단계에서 어느 정도 유연성을 두는 것이 좋다.

그럼에도 상대가 반응하지 않거나 거부하면, 저작권 분쟁 조정 제도를 활용하는 게 비용과 시간 면에서 실속 있는 다음 수단이다. 한국저작권위원회는 조정·알선 제도를 운영하고 있어서, 온라인으로 어렵지 않게 신청한 후 침해 사실과 증거, 청구 취지 등을 제출하면 조정 절차를 밟을 수 있다. 조정이 성립되면 그 조정조서는 재판상 화해와 동일한 효력이 있는데, 쉽게 말해 판결문과 같은 효력이 있어 이후 그를 통한 강제 집행이 가능하다.

조정으로 해결되지 않으면 결국 민사소송 단계로 넘

어가야 한다. 이때 출판사는 침해 행위의 중지, 복제물 회수·폐기, 손해배상 또는 이용 허가료 상당액 청구 등을 청구한다. 손해배상의 기준은 실제 손해액, 침해자가 얻은 이익, 기타 간접 손해 등을 종합해 산정된다. 저작권 등록이 돼 있다면 증명력이 좋아지지만, 등록이 없어도 법적으로 권리는 발생하므로 침해 사실과 권리 귀속을 입증할 수 있는 자료가 중요하다. 상대방의 고의 또는 과실이 명백하면 형사 고소 병행도 가능하다.

통상 저작권 문제는 그 법리적 까다로움 때문에 저작권 전문 변호사의 도움 없이는 법적 절차를 밟는 게 쉽지는 않지만, 단순 경고장 발송이나 한국저작권위원회 조정 절차 정도는 변호사를 선임하지 않아도 해볼 여지가 있다. 기타 부록에서 소개하는 한국저작권보호원 등 기관의 도움을 받아보는 것도 방법이다.

저작권 관련
웹사이트

다음은 출판인이 꼭 알아두면 유용한 저작권 관련 웹사이트다.

공공누리(KOGL)

문화체육관광부가 운영하는 공공저작물 자유이용 허락 웹사이트. 중앙정부, 지방자치단체, 공공기관이 만든 저작물을 저작권 걱정 없이 활용할 수 있다. 각 저작물은 자유이용 범위를 나타내는 1~4유형의 마크가 붙어 있으며, 출처만 밝히면 상업적 이용까지 가능한 자료도 많다.

https://www.kogl.or.kr

뉴스토어(Newstore)

한국언론진흥재단이 운영하는 뉴스 콘텐츠 합법 유통 창구. 국내 주요 언론사 기사와 사진을 단건 구매하거나 라이선스 형태로 이용할 수 있다. 출판물에 뉴스를 합법적으로 활용하고 싶다면 반드시 거쳐야 하는 경로다.

https://www.newstore.or.kr

한국저작권위원회

해당 웹사이트에는 출판인에게 도움이 되는 메뉴가 많다. 저작권 연구보고서, 실무 지침, 교육 교재 등을 열람할 수 있는 온라인 자료실. 최신 판례 해설이나 가이드북도 제공되어 출판 실무자에게 직접적으로 도움이 된다. 저작권 등록 또한 해당 웹사이트에서 가능하다.

https://www.copyright.or.kr

저작권 비즈니스 지원센터(FindCopyright)

권리자 찾기와 이용 허락 신청을 지원하는 플랫폼. 특정 저작물의 권리자가 누구인지 확인할 수 있고, 라이선스 협상 절차에 대한 안내도 제공한다.

https://www.findcopyright.or.kr

공유마당

한국저작권위원회가 운영하는 공공저작물 통합 플랫폼. 이미지, 음악, 영상, 글꼴 등 다양한 공공저작물을 자유롭게 활용할 수 있도록 제공한다. 각 저작물마다 이용 조건이 표시되어 있어 출판·교육 등 다양한 영역에서 합법적으로 활용할 수 있다.

https://gongu.copyright.or.kr

한국저작권보호원

저작권 침해 예방과 단속, 모니터링, 교육·홍보를 전담하는 기관. 온라인 불법 복제물 차단, 저작권 상담, 법률 지원 서비스도 제공한다. 출판사가 침해 대응이나 분쟁 예방 정보를 얻을 수 있는 창구다.

https://www.kcopa.or.kr

한국문학예술저작권협회

교과서 등 교육 분야에서 저작물 이용 허락과 보상금을 관리하는 단체. 교과서 제작 과정에서 타인의 저작물을 활용하려면, 협회를 통해 이용 계약이나 보상 절차를 거쳐야 한다. 만약 작가라면 해당 웹사이트를 통해 내 작품이 교과서에서 활용되었는지 확인해볼 수 있다.

https://www.kolaa.kr/

문화포털

문화체육관광부가 운영하는 문화포털 내 저작권 안내 페이지에는 저작권 관련 정보가 있다. 공공저작물 자유이용 허락 표시제(KOGL)와 저작권 기본 가이드를 제공하며, 문화예술 분야 저작권 정책과 활용법을 쉽게 찾아볼 수 있다.

https://www.culture.go.kr

저작권
권리 흐름

일반 출판(단행본 중심)

구분	독립 출판	표준	서점 직거래
	저자 → 독자	저자 → 출판사 → 총판 → 서점 → 독자	저자 → 출판사 → 서점 → 독자
유통 구조	◦ 저자 직접 판매 (독립출판, 펀딩)	◦ 저자: 원고 집필 → 출판사 계약 ◦ 출판사: 편집· 인쇄·총판 공급 ◦ 총판: 전국 배포·재고관리 ◦ 서점: 판매	◦ 저자: 원고 집필 → 출판사 계약 ◦ 출판사: 편집·인쇄· 대형서점 직접 공급 ◦ 서점: 판매
저작권 권리 흐름	◦ 저작권 100% 저자 보유 ◦ 출판권 없음	◦ 저작권: 저자 보유 ◦ 출판권: 출판사에 설정	◦ 저작권: 저자 보유 ◦ 출판권: 출판사에 설정
보상 구조	◦ 수익 100% (플랫폼 수수료 제외) ◦ 인세 개념 없음	◦ 인세 계약 ◦ 출판사 제작비· 총판·서점 공급률로 나머지 수익 배분 ◦ 2차적저작물: 저자 권리 보유, 출판사와 수익 분배 ◦ 매절 계약 가능 (그림책 등)	◦ (표준)과 동일
기타 특징		◦ 가장 전통적 경로	◦ 최근 증가 추세

유통 구조

저자(창작자)

소설가, 작가 등이 원고를 집필하여 콘텐츠를 창작한다. 원고를 완성한 후 출판하기 위해 출판사에 제안하거나 계약을 모색한다.

출판사

저자와 계약을 맺어 원고를 확보한다. 편집, 교정, 책 디자인 및 ISBN 발급 등 출판 작업을 수행하고 인쇄를 거쳐 책을 제작한다. 출판사는 제작한 도서를 도서 유통망에 올려 판매를 준비한다.

총판(도매)

출판사와 계약을 통해 완성된 도서를 공급받아 전국 서점 등에 배포한다. 대형 온라인 서점이나 오프라인 서점과 직거래를 하기도 하며, 중소 서점은 총판을 통해 책을 공급받는다. 유통사는 재고 관리와 서점 배송, 반품 처리(위탁 판매 제도로 미판매분 반품 가능) 등의 역할을 맡는다. 일종의 '도매상' 역할을 하는 곳이라 볼 수 있다.

서점(소매)

오프라인 서점, 온라인 서점 등이 유통사나 출판사로부터 책을 입고하여 최종 소비자에게 판매한다. 온오프라인 서점은 정가제 규정하에서 도서를 판매하며, 소비자는 서점에서 책을 구매한다.

독자(소비자)

서점에서 책을 구매하여 읽는 최종 소비 단계다. 독자는 구매한 책을 개인적인 용도로 소장하고 열람한다.

저작권 권리 흐름

창작 및 계약 단계

저자가 원고를 작성하는 동시에 해당 저작물의 저작권(저작인격권과 저작재산권)을 보유한다. 출판사와 출판 계약을 체결할 때, 일반적으로 저작권은 저자에게 그대로 두되 출판사에 출판권(배타적발행권)을 설정하여 부여한다. 출판권이란 저작물을 인쇄 등의 방법으로 출판할 수 있는 권리로, 저작권자(저자)가 출판사에 이를 독점적으로 허락하는 형태의 권리다. 계약 기간에 출판사는 해당 책의 복제권과 배포권 등을 행사할 수 있으며(저자는 동일한 원고를 다른 곳에 출판할 수 없음), 저작권은 여전히 저자에게 귀속된다. 단 계약에 전자책 권리가 포함되지 않으면 별도의 허락이 필요하며, 최근에는 출판 계약 시 전자출판, 오디오북 등 일부 2차 이용권은 함께 계약하는 것이 관행화되고 있다.

출판인을 위한 저작권법

* 계약은 원고를 작성하기 이전 구상 단계에서 이루어지기도 하고, 완성된 원고를 두고 이루어지기도 한다. 주로 기성 작가는 구상 및 기획 단계에서부터 출판사와 계약을 맺고, 신인 작가는 완성된 원고를 출판사에 투고하는 방식으로 초안을 전달하면서 계약을 맺는 경우가 흔하다.

제작 및 유통 단계

출판사는 계약에 따라 책을 복제·인쇄하고 배포할 권리를 행사한다. 인쇄된 책을 서점 등으로 공급하는 과정에서 유통사나 서점은 저작권 라이선스가 아니라 거래 계약으로 책을 취급한다. 곧 유통사나 서점은 출판사로부터 정식 출고된 복제된 도서 상품을 판매하는 것으로, 별도의 저작권 양도가 일어나지 않는다.

소비 및 이용 단계

독자는 정식으로 구매한 책을 자유롭게 읽고 이용할 수 있으나, 저작권은 구매로 인해 소비자에게 이전되지 않는다. 독자는 사적 이용 범위 내에서만 복제할 수 있으며(예를 들어, 개인용으로 일부 복사), 무단 복제나 배포는 허용되지 않는다. 출판사는 계약 기간이 만료되면 출판권이 소멸되어 저작권자에게 권리가 반환되고, 이후 재계약이나 개정판 계약을 맺을 수 있다.

보상 구조

인세 계약(로열티 계약)

일반적으로 단행본 출판은 인세 형태의 보상을 따른다. 인세印稅란 책 판매 수익의 일정 비율을 저자에게 지급하는 로열티를 말한다. 계약에 따라 책 정가의 일정 퍼센티지 또는 출판사 순수익의 일정 퍼센티지를 저자에게 지급하며, 정산 주기는 보통 반기나 연 단위로 이루어진다. 예컨대 출판사는 판매부수나 매출액에 따라 약정된 비율의 금액을 저자에게 지급한다(이때 출판부수나 재고, 반품 내역 등을 투명하게 공유하는 것이 중요하다). 인세율은 계약에 따라 정해지며, 보통 신인 작가는 비교적 낮고 유명 작가일수록 인세율이 높은 관행이 있다. 출판사는 저자에게 지급할 인세를 제외한 나머지 판매 수익으로 제작비 회수 및 이윤을 얻는다.

선인세(계약금)

일부 출판 계약에서는 인세와 별도로 선인세를 지급하기도 한다. 선인세는 향후 받을 인세의 일부를 미리 저자에게 지급하는 금액으로, 일종의 최소 보장 원고료다. 책이 일정 부수 이상 판매되어 선인세에 상응하는 인세가 발생하기 전까지는 추가 인세를 정산하지 않고, 선인세 초과분부터 추가 인세를 지급한다. 선인세는 주로 유명 작가나 예상 판매량이 높은 기획서적일 때 협상되는 조건이다.

매절 계약(일시불 보상, 판권 양도 계약)

저작권을 양도하거나 인세 없이 일시금으로 보상하는 계약 형태도 있다. 이를 매절 계약이라 하며, 이때 저자는 원고 제공 대가로 고정된 원고료를 한 번 받고 추가 인세를 받지 않는다. 출판사는 이후 발생하는 모든 수익을 가져가며, 책이 많이 팔려도 저자에게 추가로 지급하지 않는다. 반대로 책 판매가 부진해도 저자는 최초 약정된 금액을 확보한다. 매절 계약은 신인 작가가 인세 대신 안정적인 보상을 원하거나, 출판사가 기획한 프로젝트로 원고를 의뢰하는 경우 등에 이루어지며, 일반적인 상업

출판에서는 인세 계약이 우선시된다.

---

* 매절 계약은 일반적으로 저작권을 양도하지 않더라도 인세 없이 원고료만 받고 끝나는 정액 계약을 의미하는데, 때에 따라 저작재산권을 포괄적으로 양도하는 계약(판권 양도 계약) 형태로 체결되기도 한다. 후자와 같은 판권 양도 계약은 저작재산권이 출판사로 이전되어 출판사가 해당 저작물에 대한 거의 모든 권리를 갖게 되며, 출판사는 2차적저작물작성권 등의 부가 권리까지 포괄하는 계약을 맺을 수 있다. 다만 이러한 양도 계약은 인세 계약에 비해 저자에게 불리할 수 있어, 일반적으로는 많이 쓰이지 않고 특정 기획출판이나 그림책, 회사에 고용된 작가의 저작물인 경우에 한정된다. 일반 단행본 단독 저서는 인세 계약이 일반적이나, 그림책이나 공저 등은 매절 계약이 이루어지는 경우가 있다.

2차 권리 수익

책이 영화화, 드라마화 등 2차적저작물로 활용되면 해당 판권의 처리와 수익 분배는 계약에 따라 정해진다. 일반적으로 출판 계약 시 영상화나 해외출판 등 2차 저작권에 대한 조항을 포함하는데, 통상 저자가 권리를 보유하거나 출판사와 수익을 분배하는 방식이 있다. 예를 들어 출판사가 작품의 영상화 판권 중개에 기여하면 저자와 출판사가 그 수익을 일정 비율로 나눌 수 있다. 다만 계약에 명시되지 않았다면 2차적저작물작성권은 저작권자인 저자에게 남아 있으며, 출판사는 이를 임의로 활용할 수 없다. 최근에는 저작권 보호와 창작자 이익을 위해 2차 저작권 수익은 온전히 저자에게 귀속시키는 계약도 등장하고 있다.

전자출판(eBook)

구분	독립 출판	표준	대행사 경유
	저자 → 플랫폼 → 독자	저자 → 출판사 → 플랫폼 → 독자	저자 → 출판사 → 대행사 → 플랫폼 → 독자
유통 구조	◦ 저자가 직접 eBook 제작(PDF 등) 후 플랫폼에 등록 ◦ 중간 출판사 없음 ◦ 플랫폼에서 직접 판매	◦ 저자: 출판사와 계약 ◦ 출판사: eBook 제작/유통, 플랫폼에 공급하여 판매/구독 제공	◦ 저자: 출판사와 계약 ◦ 출판사: 대행사에 제작/유통 위임 ◦ 대행사: eBook 제작/유통, 플랫폼에 공급하여 판매/구독 제공
저작권 권리 흐름	◦ 저작권: 저자가 직접 보유	◦ 저작권: 저자 보유 ◦ 출판사: 전자출판용 배타적발행권 설정, 제작 데이터 저작권 보유(일부 계약에 따름) ◦ 플랫폼: 이용 허락 받은 범위 내에서 이용 가능	◦ 저작권: 저자 보유 ◦ 출판사: 전자출판용 배타적발행권 설정 ◦ 대행사: 제작 데이터 저작권 보유(일부 계약에 따름) ◦ 플랫폼: 이용 허락 받은 범위 내에서 이용 가능
보상 구조	◦ 플랫폼과 직접 정산 ◦ 판매가의 대다수 (수수료 제외) 저자 몫 ◦ 독립 가격 설정 가능	◦ 출판사가 수수료 제외 후 정산 ◦ 경우에 따라 선인세, 매절 계약 존재 ◦ 구독 모델의 경우 페이지뷰, 열람 시간, 다운로드 수 등 다양한 항목에 따라 가중치 정산 방식	◦ 출판사가 판매대금에서 대행사 수수료 공제 ◦ 나머지는 (표준)과 동일

| 기타
특징 | ◦ 무단 복제 리스크
　높음 | ◦ DRM 등 보호조치
　적용

◦ 종이책 계약과 통합
　진행 많음 | ◦ (표준)과 동일 |

유통 구조

저자(창작자)

전자책의 원작 콘텐츠를 창작한다. 기존에 종이책으로 출판된 저작물이 전자책으로 제작되기도 하고, 처음부터 eBook을 염두에 두고 집필되기도 한다. 저자는 직접 전자출판 플랫폼에 투고하거나, 전자출판을 전문으로 하는 출판사(또는 대행업체)와 계약할 수 있다.

* 최근 PDF 책 출판 열풍이 불면서, 책을 써서 PDF 파일로 만든 후 각종 전자책 플랫폼에 PDF를 판매하는 형식이 늘어나기도 했다. 이때 별도의 종이책은 없이 곧바로 플랫폼을 통해 PDF 파일을 구매자에게 판매하는 형태로 유통이 이루어진다. 흔히 'PDF 전자책'이라고 부른다.

출판사

통상 종이책 출판과 전자책 발행을 함께할 때가 많고, 그에 따라 출판사가 전자책 제작 및 유통을 담당하게 된다. 종이책 출판을 별도로 하지 않을 때도, 전자책 출판만을 대행해주는 출판사가 있을 수는 있다.

전자책 제작 및 유통 대행사

통상 출판사로부터 전자책 제작 및 유통을 의뢰받는 회사다. 이때 출판사에서 종이책 출판용 원고를 전자책 유통사에 넘기면, 전자책 유통사에서 이를 전자책에 적합한 형태로 편집하여 ePub/PDF 등으로 변환하거나, 메타데이터를 작성하고, DRM* 적용 등의 제작 과정을 거친다. 그리고 전자책 플랫폼으로 유통하게 된다.

* 대표적으로 협동조합롤링다이스 같은 전자책 제작 및 유통을 하는 업체가 있다. 전자책 수입의 일부를 수수료로 받고 제작 및 유통을 대행한다. 이들 대행사는 출판사 또는 저자와 수

* DRM(Digital Rights Management)은 디지털 콘텐츠의 무단 복제, 배포, 이용을 방지하기 위한 기술적 보호 조치를 의미한다. 저작권자의 권리를 보호하고, 허락된 방식으로만 콘텐츠를 이용하도록 제한한다. 전자책에서는 복사 금지, 열람 기기 제한, 파일 만료 등 기능으로 적용된다.

출판인을 위한 저작권법

수료 계약 또는 라이선스 계약을 맺고, 전자책 파일 제작, 유통 플랫폼 등록, DRM 적용, 메타데이터 정리를 포함한 총괄 서비스를 대행한다.

플랫폼(서비스 사업자)

전자책을 판매하거나 제공하는 온라인 플랫폼 단계다. 예를 들면 교보문고, 예스24, 알라딘 등의 온라인 서점이나 밀리의 서재, 리디, 윌라 등 구독형 서비스가 해당한다. 플랫폼은 출판사로부터 공급받은 전자책 파일을 목록에 올리고 DRM 등을 적용하여 최종 사용자에게 다운로드 혹은 스트리밍 형태로 제공한다. 플랫폼 사업자는 이용자 관리, 결제 시스템 운영, 콘텐츠 파일 전송 등의 역할을 수행한다.

이용자(독자)

최종 소비자로서 플랫폼을 통해 전자책을 구매하거나 구독하여 자신의 디바이스(스마트폰, 태블릿, e리더 등)로 내려받는다. 이용자는 DRM이 적용된 전자책을 전용 뷰어 등을 통해 열람하며, 플랫폼 계정으로 접근하여 콘텐츠를 소비한다. 전자책은 디지털 파일 형태이므로 독자는 영구 소장이 아니라 라이선스 형태로 이용권을 부여받는 경우가 많다(플랫폼에 따라 구매 후 영구 이용이 가능하기도 하나, 타인 양도는 불가).

---

* 다만 PDF 전자책 플랫폼에서 PDF 파일 형태의 전자책을 구매하면, PDF 파일을 직접 다운로드하여 파일 자체를 '소장'하게 된다. 이때 PDF 파일을 무단 재배포하면 저작권 침해가 된다는 경고문이 강하게 표시된다.

저작권 권리 흐름

초기 저작권

저자가 원고를 집필하면 해당 저작물의 저작권은 저자에게 발생한다. 이후 전자출판 계약을 통해 권리 활용이 이루어진다.

제작 단계

① 출판사에 전자출판용 배타적발행권을 설정하는 경우

통상 종이책 출판과 함께 전자책 발행이 이루어지면, 종이책과 전자책 계약을 동시에 진행한다. 이에 따라 저자는 출판사에 종이책의 출판권과 함께 전자책의 전자출판용 배타적발행권을 함께 설정하게 된다. 곧 저작권 양도는 이루어지지 않은 채 일시적으로 배타적 발행 권리만을 출판사에 허락하는 형태로 계약이 이루어진다. 곧 출판사는 전자출판에 대한 독점적 이용 허락을 얻는다. 따라서 권리 구조는 종이책과 유사하게, 저작권은 저자 소유이며 출판사는 전자책 형태로 복제·공중송신(전송)할 배타적 권한을 갖는다.

* 이때 출판사는 직접 제작하든 대행사를 통해 제작하든 전자출판용 '발행데이터'를 제작하는데, 이러한 발행데이터에 대한 저작권은 주로 발행사인 출판사가 보유하는 것으로 계약이 이루어진다. 그러나 이는 어디까지나 발행데이터에 대한 저작권이므로, 원래 원고의 저작권은 여전히 저자에게 귀속된 채로 남아 있다. 계약이 종료하면, 저자는 일정한 합의를 통해 그러한 발행데이터를 양도받을 수도 있고, 자신의 원고로 다른 발행사에 발행데이터 제작을 맡겨 전자책 출판을 할 수도 있다.

② 저자가 직접 전자책 출판을 하는 경우

저자가 직접 PDF 등을 만들거나, 제작 대행사를 통해 PDF 등을 제작할 때, 원고 및 발행데이터에 대하여 저작권을 보유한 저자가 직접 플랫폼에 자신의 전자책을 유통하기도 한다.

③ 예외적인 경우

예외적으로 종이책의 '매절 계약'처럼 저자가 출판사에 원고의 저작권 일체를 양도하기도 한다.

유통 단계

출판사(또는 저자)는 전자책을 플랫폼에 공급하며, 플랫폼은 최종 이용자에게 콘텐츠를 제공한다. 플랫폼은 통상 출판사로부터 받은 권한 내에서만 전송권을 행사하며, 임의로 파일을 수정하거나 2차 이용할 수 없다. [저작권자 → 출판사/유통사 → 플랫폼 → 이용자]로 이어지는 전자책 유통 과정에서 저작권 자체의 귀속은 여전히 저작권자(또는 예외적으로 저작권을 양수받은 출판사)에 있다.

> * 이용자와 플랫폼 사이에는 일종의 이용 허락 관계가 성립한다. 이용자는 구매한 전자책을 개인적 범위에서 이용할 권리를 얻지만, 파일을 복제하여 배포하거나 DRM을 해제하는 등의 행위는 저작권 침해에 해당된다.

전속 및 기간

전자출판 계약도 일반적으로는 배타적으로 이루어진다. 곧 저자가 동일한 전자책을 계약 기간 중 다른 출판사를 통해 중복 유통할 수 없도록 약정한다. 계약 기간이 정해진 경우 만료 시 저작권자에게로 권리가 회귀되며, 판매 중인 파일에 대한 처리(판매 중단 또는 계약 연장 등)는 계약 조건에 따른다.

보상 구조

로열티 지급

전자출판에서도 전통적으로 판매 기반 로열티가 주요 보상 방식이다. 인세와 유사하게 전자책 판매가격의 일정 비율을 저자에게 지급하거나, 혹은 플랫폼에서 정산

한 순매출의 일정 비율을 배분하는 형태다. 예를 들어 플랫폼이 소비자에게 전자책을 판매하면 수수료를 제하고 출판사에 정산을 해주고, 출판사는 그중 계약된 비율을 저자에게 지급한다. 전자책은 종이책보다 정가가 낮고 유통 마진 구조가 다르므로, 인세율이나 정산 기준은 종이책과 다르게 책정될 수 있다.

> * 전자책의 수익 정산은 일반적으로 [플랫폼 → 출판사(또는 대행사) → 저자]의 구조로 이루어지며, 출판사가 수수료 및 비용을 제하고 로열티를 지급한다.

정액 계약(매절 계약)

전자책 분야에서도 정액 계약이 활용된다. 특히 교육 콘텐츠나 실용서의 전자출판에서 출판사가 저자에게 일시불 원고료를 지급하고 향후 인세를 지급하지 않는 경우가 있다. 이때 저작권 활용에 대한 대가를 미리 정해진 금액으로 매절하는 것이며, 전자책이 장기간 판매되어도 추가 보상이 없다.

> * 일부 온라인 연재 플랫폼에서도 일정 원고료를 지급하고 콘

텐츠를 독점적으로 확보하는 정책이 있는데, 이는 창작자에게 안정적인 수입을 주지만 추가 수익에 대한 권리를 포기하게 하는 구조다. 반대로 판매 부진 시에도 추가 부담이 없으므로 출판사 또는 플랫폼은 리스크를 저자가 아니라 자신들이 진다는 측면도 있다.

* 정액 계약은 반드시 저작권 양도를 수반하지 않고, 한시적 및 독점적 이용권 부여 방식일 수도 있다. 다만 실무적으로는 저작권 일부 또는 전부를 양도하는 구조로 활용되기도 한다.

독립 출판

저자가 출판사 없이 독립적으로 전자책을 출판하는 경우(대표적으로 PDF 전자책 직접 판매의 경우), 플랫폼과 저자가 직접 정산을 한다. 예를 들어 어떤 플랫폼은 저자에게 판매가의 일정 비율(플랫폼 수수료를 제한 나머지의 대부분)을 지급한다. 이때 중간 출판사가 없으므로 저자가 전체 수익의 큰 부분을 가져가지만, 편집이나 홍보 등을 스스로 부담해야 한다. 이러한 구조에서는 저자가 스스로 가격을 정하고 수익률을 결정할 수 있으나, 플랫폼의 이용약관에 따라 독점 계약 시 인센티브를 받기도 한다.

구독 모델

전자출판물은 구독 서비스 형태로 제공되기도 한다. 이때 보상은 페이지뷰, 열람 시간, 다운로드 수 등 다양한 항목에 따라 가중치 정산 방식으로 지급되며, 내부 알고리즘에 따라 저자 수익이 분배된다. 예를 들어 월정액 서비스에서 특정 책이 읽힌 횟수나 페이지뷰에 따라 총수익을 저자에게 분배한다. 이 역시 계약으로 정해지며, 플랫폼-출판사-저자 간 합의된 비율대로 배분된다.

기타 보상

전자책 출판에서는 종이책과 달리 재고 부담이 없고 출판 이후 수정하기가 용이한 만큼, 지속적인 개정이나 추가 에피소드 연재 등에 따른 별도 보상이 있을 수 있다.

출판인을 위한 저작권법

또한 이벤트성 무료 배포나 할인행사 시 저자에 대한 영향(로열티 계산 등)은 계약에 따라 결정된다. 일반적으로 무료 프로모션은 저자 동의를 얻어 진행하며, 이에 따른 보상은 없거나 홍보 효과로 갈음된다.

정기간행물(잡지 등)

구분	잡지사 저작권	외부 저작권	
	잡지사 → (유통업체) → 독자	외부 기고자 → 잡지사 → (유통업체) → 독자	잡지사 → 디지털 전환/DB 제공 → 독자/기관
유통 구조	◦ 상근 기자, 에디터가 기사 작성 ◦ 잡지사가 편집·제작·인쇄 ◦ 총판, 발송대행업체 통해 서점/가판/구독자에게 배포 ◦ 경우에 따라 구독자에게 직접 배포	◦ 외부 필자 (프리랜서, 칼럼니스트 등)가 원고 제공 ◦ 잡지사가 원고 편집·제작·인쇄 ◦ (잡지사 저작권) 경우와 동일 경로로 배포	◦ 기존 발행물 디지털화 (웹사이트, 앱, DB) ◦ 뉴스 DB 업체 (뉴스토어 등)에 신탁 ◦ 도서관, 구독자, 기관 이용 가능
저작권 권리 흐름	◦ 기사 저작권은 원칙적으로 잡지사(업무상 저작물) ◦ 잡지사가 공표·2차 활용 권한 가짐	◦ 저작권은 필자에게 귀속 ◦ 잡지사는 통상 1회 게재권/웹 아카이브 사용권만 가짐 ◦ 별도 단행본 등 2차 활용 시 재협의	◦ 내부 기사: (잡지사 저작권) 경우와 동일 ◦ 외부 칼럼 등: (외부 저작권) 경우와 동일
보상 구조	◦ 월급(연봉) 지급 ◦ 기사별 인세 없음 ◦ 특종·성과에 따른 성과급/보너스 가능	◦ 원고료(장당 혹은 건별) 지급 ◦ 게재 1회로 보상 완료 ◦ 추가 판매/구독자 수 증가해도 추가 지급 없음	◦ 디지털 DB 열람료 등 부가 수익 발생 ◦ 내부 필자에 추가 지급 없음 (급여 포함) ◦ 외부 필자는 통상 추가 지급 없음, 일부 별도 계약 가능

출판인을 위한 저작권법

기타 특징	◦ 광고 수익 중요, 　필자 직접 수익 아님	◦ 원고료는 잡지사 　예산이나 필자 　명성에 따라 상이 ◦ 원고료 외 별도 인세 　없음	◦ 일부 언론사 뉴스 　신탁 시스템 활용 　(한국언론 　진흥재단 등) ◦ 디지털화 관련 　저작권 분쟁 가능성 　존재

유통 구조

저자(필자)

잡지 등의 기사를 작성하는 필진 단계다. 여기에는 잡지사의 상근 기자나 에디터 및 외부 기고가(프리랜서, 칼럼니스트, 외부 기자 등)가 포함된다. 상근 기자는 편집부 소속으로 취재 및 기사 작성이 업무이고, 외부 필자는 편집부의 청탁을 받아 원고를 작성하여 전달한다.

발행인(잡지사)

잡지사는 내부 편집 과정을 통해 원고를 선정·수정하고 지면 구성 및 디자인을 진행한다. 매 호 콘텐츠를 편집하여 최종 인쇄 파일(PDF 등)을 만든다. 인쇄 및 제본 과

정도 이 단계에서 이루어진다. 잡지는 사진, 일러스트 등 다양한 저작물로 구성되므로, 편집부는 각 콘텐츠의 권리 처리(사진작가, 일러스트레이터 등의 저작권 허락)를 종합하여 완료한다. 인쇄된 간행물은 발행인을 통해 공표된다.

> * 잡지사는 정규 인력을 구축하기도 하지만, 많은 경우 외주사에 의뢰하거나 외주 프리랜서와 협업하는 형태를 이룬다.

배포

발행된 잡지나 신문은 구독자에게 우편 배송되거나, 서점 및 가판대를 통해 판매용으로 배포된다. 정기간행물 유통사는 출판물 도매상, 정기간행물 발송 대행업체 등이 해당될 수 있다. 예를 들어 잡지는 유료 구독 신청자에게 우편 송달되거나, 전국 서점 및 가판대 등에 진열된다. 이 과정에서 반품 제도가 적용되어, 팔리지 않은 잡지는 회수되거나 폐기된다.

> * 다만 최근 많은 잡지는 온라인판을 병행하여, 웹사이트나 앱을 통해 디지털 형태로도 배포한다(디지털판 역시 로그인 구독

출판인을 위한 저작권법

독자(구독자, 일반 소비자)

최종적으로 독자는 잡지나 신문을 받아 읽는다. 구독자는 정기구독을 통해 정해진 간격으로 간행물을 받고, 일반 독자는 서점이나 가판에서 개별 호를 구매한다. 독자는 인쇄된 매체를 열람하거나, 디지털 간행물은 로그인하여 콘텐츠를 읽게 된다.

저작권 권리 흐름

사내 기자, 에디터

잡지사나 신문사의 직원이 직무상 작성한 글은 업무상저작물로 간주된다. 저작권법상 업무상저작물은 별도 계약이 없으면 법인 등이 저작재산권을 향유하게 된다. 따라서 상근 기자가 쓴 기사나 사원이 기획한 콘텐츠의 저작재산권은 원칙적으로 회사(잡지사)에 귀속된다. 기자 개인은 실질적 창작자이지만, 회사는 해당 저작물을 공표하고 2차 이용을 결정할 권리를 갖는다. 이러한 전속 고용관계에서는 전속 계약에 해당하며, 기자는 일정 기간 해당 매체를 위해서만 창작 활동을 하는 것이 일반적이다.

외부 기고자

칼럼니스트, 프리랜서 작가, 전문가 기고 등 외부 원고의 저작권은 원칙적으로 저작자(필자)에게 귀속된다. 잡지사나 신문사는 해당 원고를 게재할 1회 사용권만을 획득하는 것이 일반적이다. 곧 외부 기고 기사는 해당 호에 게재할 권리만 매체에 부여되고, 그 외의 저작재산권(복제, 배포 등)은 양도되지 않는다. 따라서 잡지사가 이전에 실린 외부 원고를 활용해 별도 단행본을 발간하거나, 다른 매체에 추가 발행하려면 별도 동의를 받아야 한다. 다만 현실적으로는 기고 시 온라인 아카이브 게재나 웹사이트 병행 게재에 암묵적으로 동의하거나 동의서 자체에 권한을 포함할 때가 많아, 해당 매체의 웹서비스나 DB에 기고글을 올리는 것은 일반적으로 행해진다.

> * 경우에 따라서는 외부 기고자라 할지라도 저작재산권 양도 계약까지 체결하기도 하는데, 이는 주로 외부 기고자 이름으로

발행되는 '칼럼'보다는 '인터뷰 기사, 취재 기사' 등에 해당된다. 곧 외부 프리랜서 기자에게 용역을 주어 취재나 인터뷰를 의뢰하는 식으로 기사 작성이 이루어질 때는, 저작재산권 자체도 잡지사에 귀속되도록 약정하는 경우가 있다.

사진 및 부가 콘텐츠

잡지에 실리는 사진, 삽화, 만화 등의 저작물도 각각 권리자가 있다. 사내 사진기자가 촬영한 사진은 회사에 권리가 귀속되고, 외부 사진작가나 이미지 제공업체로부터 제공받은 사진은 사용 허락을 받아 일정 호에 게재한다. 이때 사용 범위는 합의된 범주(해당 기사 내 사용 등)로 한정된다.

* 경우에 따라서는 외부 사진가 등에게 사진 촬영 등을 의뢰하고 용역비를 제공한 뒤 사진 저작물 일체의 저작재산권을 양도받기도 한다.

배포 및 보관

발행된 인쇄물의 배포 행위 자체는 계약된 범위 내에서 이루어지므로 별도의 저작권 허락이 추가로 필요하지 않다. 독자는 구독을 통해 수령하거나 서점 등에서 구매한 물리적 잡지를 소유한다. 다만 당연히 물리적 잡지를 소유했다고 하여 저작권의 양수·양도 등은 전혀 일어나지 않는다.

한편 도서관이나 아카이브 서비스에서 과거 잡지 등을 보관하여 제공할 때는 도서관 이용 허락 규정이나 언론사와의 계약에 따라 이용이 이뤄진다. 예를 들어 언론사는 기사 데이터베이스 업체와 계약을 맺어 과거 기사 열람 서비스를 제공하며, 이 과정에서 내부 필자와는 별도 정산 없이 회사가 권리를 행사하지만, 외부 필자의 글은 계약 조건에 따라 제한되거나 추가 동의를 구하기도 한다.

디지털 전환

매체에 따라 과거 잡지 콘텐츠를 디지털화하여 2차 서비스하는 경우가 있다. 이때도 기본적으로 직원 작성 콘텐츠는 회사가 자유롭게 활용 가능하나, 외부 필자 콘텐츠는 계약 범위에 따라 제한된다. 최근에는 언론사가 기고 계약 시 포괄적 이용 동의 조항을 포함하여, 온라인 아카이빙이나 추후 자료집 발간 등에 대비하는 추세다.

출판인을 위한 저작권법

보상 구조

사내 기자, 에디터의 보수

잡지사의 정직원 필자는 급여(연봉 또는 월급)를 기본 보상으로 받는다. 이들은 개별 원고에 대한 별도의 원고료나 인세를 받지는 않고, 고용관계에서 정기적인 급여와 성과에 따른 인센티브를 받는다. 경우에 따라 특종 보도나 우수 기사에 대해 포상금이나 연말 평가에 따른 성과급 등이 지급되기도 하는데, 이는 정기 보상과 별개인 부수적 보상이다. 곧 직원 기자의 창작물에 대한 대가는 그들의 급여와 고용안정으로 충당되는 구조다.

외부 기고자의 원고료

프리랜서 기자, 칼럼니스트, 작가 등이 잡지나 신문에 글이나 그림을 제공하면 원고료를 지급받는다. 원고료는 통상 원고지 면수나 기사 건당으로 책정되며, 매체의 예산과 필자의 명성에 따라 금액이 정해진다. 원고료는 한 번 지급되면 그 글의 게재에 대한 대가로 완료되며, 잡지가 많이 팔리거나 신문 구독자가 늘어나도 기고자에게 추가 수익 배분은 없다. 반대로 해당 호가 부진해도 기고자는 약정된 원고료를 확보한다. 이 구조는 정액 보수 형태로, 기고자는 창작 대가를 확정적으로 받고 저작권은 유지하거나 이용만 허락하는 방식이다.

기타 보상 및 부가수익

잡지는 광고 수익이 중요한데, 광고는 편집물과 별개 영역이므로 필자에게 직접 분배되지는 않는다(광고 수익은 회사 운영 및 필자 원고료 지급의 재원이 된다).

출판인을 위한 저작권법

> * 간혹 필자가 쓴 글이 단행본으로 묶이거나 2차 출판되는 경우, 외부 필자라면 별도 계약으로 인세를 받을 수 있고, 사내 필자는 회사와 협의하여 일부 사례금을 받을 수 있으나 통상 회사 소유 저작물로서 회사가 수익을 가진다.

디지털 콘텐츠 보상

잡지사가 온라인 기사(웹 기사, 카드뉴스, SNS 콘텐츠 등)를 제작하는 경우, 페이지뷰나 조회 수에 따른 내부 성과급 정책을 운용하기도 한다. 예를 들어 기자가 작성한 온라인 기사가 특정 트래픽을 달성하면 별도 보너스를 주는 식이다. 이는 회사 내규에 따른 보상체계로 공식 계약상의 인세와는 다른 성격이지만, 디지털 환경에서의 창작 의욕을 고취하기 위해 도입되는 사례가 있다.

> * 단 외부 필자가 조회수 등에 따라 추가 원고료를 받는 사례는 흔치 않다.

창작자, 편집자, 번역자, 사서를 위해 쓴
꼭 알아야 할 저작권 필수 상식
출판인을 위한 저작권법

초판 1쇄 발행일 2026년 3월 6일

지은이 정지우
발행인 이광호
편집인 김인호
책임편집 이은혜
편집 이효선
디자인 강혜림

발행처 한국출판인회의
등록 2005년 5월 4일 제2005-000094호
주소 서울시 마포구 동교로22길 44(서교동)
전화 02-3142-5808
팩스 02-3142-2322
홈페이지 www.sbin.or.kr
이메일 sbi@sbin.or.kr

ⓒ 정지우, 2026
ISBN 978-89-91691-37-7 03010